까치울역입니다

초판 1쇄 인쇄 2016년 10월 30일
지은이 최숙미
펴낸이 이승훈
펴낸곳 해드림출판사
주 소 서울 영등포구 경인로 82길 3-4(문래동1가 39)
센터플러스빌딩 1004호(우편07371)
전 화 02-2612-5552
팩 스 02-2688-5568
E-mail jlee5059@hanmail.net

등록번호 제87-2007-000011호
등록일자 2007년 5월 4일

* 책값은 표지에 있습니다
* 잘못된 책은 바꿔드립니다

ISBN 979-11-5634-161-1

이 책은 부천문화재단 창작지원금 일부를 받아 제작되었습니다.

하늘은 물기 톡톡 털어낸 까치처럼 맵시가 있었군요.

까치울역입니다

최숙미 수필집

비상하는 까치같이 날렵한 바람도 스치네요.

해드림출판사

쉴만한 물가에서 행복하기를

최근 들어 짬짬이 쉼을 가지려 합니다. 벤치에 잠깐 앉았다 가거나 허름한 울타리에 핀 나팔꽃에 입술을 대보기도 합니다. 횡단보도 신호만큼의 쉼일지라도 행복은 꽃물처럼 스미는 것 같습니다.

토요일 오후 혼자 카페에 있었습니다. 어린 소녀 둘이 옆자리에 앉더군요. 과일 스무디를 마시며 수다도 어색함도 없이 성숙을 꿈꿉디다. 한참 뒤 어깨에 걸린 머리카락을 젖히며 카페를 나서려는데 문을 여는 손이 그만 소녀티를 내고 말아요. 소녀의 귓불이 발그레해져서 못 본 척했지만 저는 민낯 같은 순수를 보았습니다.

저의 쉼에는 약간의 소임이 있습니다. 쉼을 갈구하는 이들에게 수필로 다가가기입니다. 아침 이슬 머금은 나팔꽃까지는 못되더라도 건조한 표정에 미소가 번질 수 있을 정도면 족하겠습니다. 눈설지 않고 혀에 걸리지 않는다면 가능하지 않을까 싶어요.

올 8월은 행복했습니다. 폭염으로 폭탄 맞은 전기 요금에 국가가 대책을 세우고 더위 먹은 콩잎사귀가 뒤집어지는데도 저는 또 한 권의 수필집을 엮느라 여념이 없었습니다. 교정을 보는 내내 가슴이 저릿하더군요. 졸작들이지만 함부로 솎아 버릴 수 없어 손끝이 떨렸습니다. 못난 자식도 제 자식이라서 그런 것 같습니다.

이제 수필집 〈까치울역입니다〉를 세상에 내어놓습니다. 제 자식이지만 남이 길러줘야 할 때가 온 것이지요. 부족할지라도 부끄럼마저 접으렵니다.

저의 은사님이며 '본격수필' 이론으로 국내외 수필계(界)를 갈아엎는 권대근 교수님께서 서평과 영문 번역으로 힘을 실어 주셨습니다. 은사님으로 인해 제 문학 인생이 제법 탄탄해져 갑니다. 머리 숙여 감사를 드립니다.

두 번째 수필집을 정리하면서 어느 순간 마음이 움푹 팼습니다. 저의 올곧은 편이셨던 어머니가 안 계셔서 푸석한 흙더미에 주저앉는 것 같았어요. 병환 중에도 제 책을 머리맡에 두시고 눈만 뜨면 읽으시며 어렵다고 하는 이들에게 한두 번 읽어서 아는가 하시던 어머니의 자랑이 그립습니다.

아버지만큼이나 칭찬을 아끼지 않는 형제들과 지원군인 가족들, 목사님과 교우들, 유난스런 사랑으로 어디서나 티 나는 고향 친구들과 선후배님들, 은사님들, 제 수필을 궁금해 하는 문학인들과 나의 모든 지인님 고맙습니다.

제 수필에 호불호가 갈릴지라도 모든 분이 쉴만한 물가에서 행복했으면 좋겠습니다.

2016년 9월 초순
잠을 설친 날 새벽에
최숙미

차례

2

꽃밤의 멘쿵

차례

3
서울 맛도 추억 맛이다

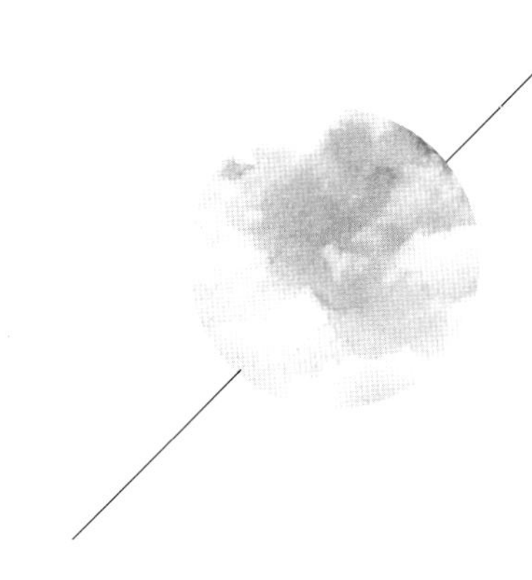

4
애기똥풀 꽃

유년의 어느 날, 뒷집 아주머니가 서둘러 골목을 나서며 마당에 늘어놓은 보리를 한 통 퍼서 빨리 따라오라고 했다.

솔섬에 갈치 배가 들어왔단다. 보리 담은 양철통을 힘겹게 들고 내려갔더니, 어마어마한 배 한 척이 바위에 걸쳐 있고 사람들이 갈치를 받느라 야단들이었다. 뱃사람이 보리 담은 통을 받아 쏟고는 "다섯 마리"라고 외쳤다. 얼떨결에 통을 들이대기는 했지만, 통도 작은데다가 내가 조준이 서툴러서 세 마리는 바위로 떨어졌다. 겨우 한 마리를 잡고 보니 두 마리는 바동거리며 바다로 들어가고 있었다.

1 지짐이 나이테

솔섬

바위는 햇살에 몸을 푼 듯 길게 누웠다. 살까지 씻은 몸이 마를 때쯤이면 오래전 떠났던 발길을 기다린다. 늙어서 더 너른 자락을 펼쳐놓고 옛사람들을 기다리는 성정이 하염없다. 섬은 옆구리를 핥는 파도와 바람에 잔금이 층층이다. 바위 틈새마다 속살대는 소리가 한낮의 고요를 깨운다. 섬은 먹빛으로 앉아 고요한데 우리 자매들의 발자국 소리는 눈치도 없이 요란하다. 파열음 같은 섬의 속앓이를 살핀다. 내 애잔한 눈빛을 감지한 섬은 푸근한 웃음으로 우리 일행을 맞는다.

솔섬은 경남 고성군 하일면에 있는 작은 섬으로 육지와 맞닿아 있어서 친정 나들이엔 성지처럼 들르는 곳이다. 언제나 발보다 울렁대는 가슴이 먼저 가 닿는 섬이다. 이별마저도 되돌려서 펼쳐내는 솔섬은 유년의 연극무대다. 추억을 건네는 선물 같은 섬이고, 내 집 앞을 지키는 문지기 같은 섬이다. 비바람보다 햇살이 주인인 양 섬을 차지한다. 저 애살스런 햇살을 받아들이던 섬은 눈시울을 붉히며 짝사랑을 했던 것일까. 인생 마디마다 저물녘 슬픔이 되어 밀려들었다.

섬을 떠나던 사람들은 참 매몰차기도 했다. 이별은 사람끼리만 하는 줄로 알았다. 솔섬쯤은 이별에 끼일 일이 아니었는지. 철이 들면서 사람과의 이별 뒤에 남겨진 섬이 기억났다. 고향을 찾는 이들은 유년의 증표를 찾듯 솔섬을 누빈다. 향수의 그루터기에 퇴적된 마음들을 내려놓고 '이제는 돌아와 거울 앞에 앉은 누이' 같은 심정이 되어 눈물겨워 한다.

유년의 어느 날, 뒷집 아주머니가 서둘러 골목을 나서며 마당에 늘어놓은 보리를 한 통 퍼서 빨리 따라오라고 했다. 솔섬에 갈치배가 들어왔단다. 보리 담은 양철통을 힘겹게 들고 내려갔더니, 어마어마한 배 한 척이 바위에 걸쳐 있고 사람들이 갈치를 받느라 야단들이었다. 뱃사람이 보리 담은 통을 받아 쏟고는 "다섯 마리"라고 외쳤다. 얼떨결에 통을 들이대기는 했지만, 통도 작은데다가 내가 조준이 서툴러서 세 마리는 바위로 떨어졌다. 겨우 한 마리를 잡고 보니 두 마리는 바동거리며 바다로 들어가고 있었다. 억울했지만 흥정은 그것으로 끝이 나고 세 마리만 들고 집으로 왔다. 야속한 바닷물은 왜 그리도 지척에 있었는지, 두 마리를 잃어버렸다고 말하지도 못했다. 지금도 눈에 삼삼한 것은 갈치가 물에 닿는 순간 얇고 투명한 지느러미가 가는 부챗살처럼 펼쳐지던 순간이다. 오늘 같은 날 갈치의 얇은 지느러미의 유연성을 보지 못하는 것이 여간 아쉽지 않다.

둘레길이 끝나는 곳에 젊은 부부들이 아이들과 물장난을 하며 논다. 섬은 추석 밑이라서인지 사람이 없어 더욱 적적하다. 우리 자매들은 저들이 알지 못하는 추억 자락을 찾아 햇살에 말라서 가슬가슬한 너른 바위에 앉았다. 네 자매가 함께 솔섬을 찾은 일은 이번이 처음이다. 큰언니는 기억도 가물가물할 때 시집을 갔고, 작은 언니는 나와 섬을 에두르고 내 사춘기가 열릴 때쯤 시집을 갔다. 작은 언니의 빈자리는 솔섬뿐만 아니라 내 사춘기 구석구석을 공허하고 울적하게 했었다. 동생들은 내가 도시로 떠난 자리를 어떻게 메워가며 성장했을까.

솔섬은 우리들의 과거사를 다독이며 가족 무대를 허락한다. 자매들은 이렇게 귀한 시간이 또 있을까 싶어 마음껏 섬에 몸을 치대며 놀았다. 지나가는 통통배에 손을 흔들어 고향에 왔음을 알려가며 노래를 불렀다. 솔섬도 우리의 노랫가락이 세련되지 않았어도 즐거워하지 않았을까. 사람이 살지도 않는 섬에 섬마을 선생이 왔을 리가 없는데도 그런 선생과의 풋사랑이라도 있은 듯 구성지게 노래를 불렀다. 노래로 허기를 느낄 즈음 큰언니의 소쿠리엔 고둥이 가득했다. 큰언니는 어디를 가나 퍼질러 놀지를 않는다. 우리는 저녁 찬거리가 걱정되지 않았고 물이 언제 들지 가늠조차 하지 않았건만, 큰언니는 언제나 보호자 자리에 있어 준다. 큰언니의 어깨가 솔섬 너른 바위를 닮았다. 부모님이 안 계시면 너를 바위같은 큰언니가 고향이 되려나.

작년 봄, 초등학교 동창들과 자정이 넘어서 봄밤을 깨우며 섬에 내려갔다. 선남선녀인 양 웃음을 날리며 온 섬을 깨웠다. 선잠을 깬 섬은 말 수 적으신 아버지처럼 흐뭇해하는 것 같았다. 멀리서 비치는 불빛들은 달빛으로 변장을 시키고 건너편 육섬이랑 작은 섬들을 불러 모아 눈앞에 세워주는 친절도 베풀어 주었다. 친구들이 '옛 생각'을 부르기에 다들 따라 부르며 어깨동무를 했다. '고향생각' '그 집 앞'을 부르고 '오빠 생각'를 부르며 가을 운동회 때 했던 무용을 했다. 친구들은 내일이라도 서울 가신 오빠가 비단구두를 사 올 듯이 우쭐거렸다. '섬집 아기'를 부를 때는 주저앉아 울고 싶었다. 아기는 바다가 불러주는 자장노래에 잘도 잔다는 데 나는 왜 울고 싶었을까. 바다의 자장가 소리를 들을 수 있는 귀가 닫혀 버려서 서러웠을까. 목울대에 힘을 주고 어둠에 울음을 감추며 잠자는 섬집 아기를 깨웠다. 그날 밤도 솔섬은 마디 많은 검정 고무줄에 또 한 개의 마디를 묶으며 추억을 늘려갔다.

바위틈새마다 꼬르륵대는 파열음에 날이 저문다. 어스름을 저으며 우리를 배웅하는 솔섬은 또 왁자한 이별에 오늘 밤도 선잠을 깰 것만 같다.

산우물

넝마 같은 산우물이다. 어른 한 사람이 겨우 쪼그리고 앉을 만큼 작기도 하다. 한 서린 여인네가 치마 뒤집어쓰고 뛰어들어도 몸 하나 온전히 잠기지 않게 생겼다. 우물은 식수로나 어떤 용도로도 사용할 수 없다는 공고문을 비석처럼 세우고 병세 짙은 꼴을 하고 있다. 을씨년스런 시멘트 지붕은 우물 안으로 곤충들이 모여들기에 좋은 시설이 되었다. 모기들이 왱왱대는데도 머리를 디밀어 우물을 살폈다. 병들었다고 환자차트를 달고 있는 우물 속은 바닥 돌이 훤히 보이도록 맑다. 곤충들의 발끝이 스쳐서 생기는 무늬 외는 잠자는 듯 고요하다. 병들었다고 시골로 요양 온 엄전한 여인같이, 숨소리도 흉 꺼린 양 나직하니 죽였다. 그 엄전한 여인과 말을 섞거나 놀았다가는 유치장에라도 가둘 것 같은 공고가 정나미 떨어지게 한다.

몇 년을 오르내리던 산길이었건만 우물을 발견하지 못했는데, 택시기사로부터 작은 산우물이 있다는 얘기를 듣고 물어물어 찾아

냈다. 산자락이 끝나는 지점이라 동리 사람들을 밤낮으로 불러 모으기에 똑 참한 곳이다. 파리하도록 맑은 우물은 동리 아낙들의 애환과 수다를 받아주며 마음을 씻겨준 듯하다. 시집살이 설움은 우물물 한 동이 퍼 담는 동안, 혀 두어 번 차대는 것으로 치유되어 또 힘주며 물동이를 이고 일어섰으리라. 부잣집 모던보이 바람피운 소문은 바가지로 우물물 퍼내는 소리만큼 찰방거려서 아낙들의 웃음 귀도 열어 주었을 테지.

어느 결에 병이 들어 버려졌을까. 공장들이 동네 건달들 마냥 건들거리며 우물곁으로 바짝 치밀어 올라온 탓일까. 산 정상에 자리한 군부대에서 흘려보낸 폐수 탓일까. 산바람이 미처 쫓아내지 못한 병균들이 하필이면 이토록 작은 우물에 달려들었을까. 필시 건달 같은 공장들이 썩은 피 묻은 장화 신고 헤집어 들어서 병들었을 게야. 갈 때마다 머리를 디밀어 한참 동안 우물 속을 들여다보았다. 왱왱대는 모기떼에 꽥 소리라도 지르고 싶은 것을 손으로 훠이 저어 쫓아놓고는 "너 진정 병들었느냐."고 물어보았다. 숙명인 듯 받아들이는 우물은 미동도 않는다. 엄전한 우물에 손을 담갔다. 차갑기가 첫서리 내린 날 새벽 같은데 환자 팻말은 해를 넘기고 또 넘겼단다. 저 파리한 속내로 언제까지 버틸 텐가.

동리 아낙들도 물동이 집어던지고 지전 몇 잎에 발길을 끊어버렸으니 건달 같은 공장들 등쌀에 견뎌내기 힘들었으리라. 실어증에라도 걸린 듯, 사람과의 대면마저 체념한 듯 잠잠하다. 달고 맛

날 때 알지 못하던 내가 말 걸어본들 버려진 우물이 알은 체를 할 리가 없다. 옛 추억 한 자락 건네지 못할 바엔 그냥 가라는 듯 냉기를 뿜는다. 나는 왜 엄전한 여인 같은 이 작은 산우물에 마음이 갈까. 동리 연애사를 알게 하는 황칠 한 줄이라도 있다면 우물과의 대화를 터 볼 것도 같은데, 어느 한구석 그런 흔적도 없다.

공고팻말이 병든 우물을 포도대장처럼 지킨다. 죽지는 않았어도 죽은 우물이라 정죄하는 엄포가 삼엄하다. 머무는 듯 흐르는지 볼 때마다 고만큼만 담겨 있다. 사람이 고만큼만 담을 수 있는 마음을 가졌었다면 이 우물도 병들지 않았으리라.

병든 우물일 테지만 우물 속은 달빛이라도 탐낼 만큼 맑기만 하다. 아마도 달 밝은 날 밤 산짐승들이 내려와 목을 축이는지도 모를 일이다.

동리관리청에서 어련히 알아서 진단을 내렸을까마는 넝마는 벗겨 주어야 하지 않을까. 아예 메워 버리지 않을 우물이라면 동리의 애환을 훤히 아는 우물곁을 어여삐 가꿔 볼 일 아니던가. 꽃씨 한 알도 뿌려지지 못하게 우물을 에워싼 시멘트는 야속기만 하다. 겨울 산바람을 피해 뛰어든 떡갈나무 잎사귀들이 우물을 온통 메웠다. 잎사귀들을 밀어내고 물을 만졌다. 차갑지가 않다. 여름엔 차고 겨울엔 따뜻한 온전한 우물물이다. 병들었어도 소임을 다하는 산우물이 어여쁘다.

산 우물과 인접해 있는 구멍가게마저 쪽문을 굳게 잠갔다. 담뱃

가게라는 푯말만 수년간 겨울바람을 맞았음인지 흐릿하다. 근사한 몸체를 과시하는 공장들 틈에 있던 지하다방도 셔터가 내려진 지 이미 오래다. 산우물의 역사를 알 길 없는 나는 동리관청에 전화를 걸었다. 나가보고 연구해 보겠단다. 병든 우물이 살아날 길은 있을까. 병들었어도 곱게 단장을 하게 될 모습을 기대해도 되려나.

포도대장 같은 음산한 팻말이 걷어지는 날, 그대와의 인연에 기꺼이 손 담그며 백일홍꽃 한 무더기 심어 주려마.

아이러브 허리

사람이라고 다 직립이 쉬운 건 아니야. 아침에 깨어나 침대에서 좌우로 몇 바퀴를 구르고서야 발을 바닥에 내려놓을 수 있거든. 엉덩이를 침대에서 들어 올리는 데도 요령이 필요해. 자칫하면 네발로 기고서야 겨우 직립에 이를 수가 있어. 내 엉덩이가 그토록 무거운 줄 몰랐지. 다리가 아픈 것도 아니고 엉덩이가 아픈 것도 아니야. 허리가 아플 뿐인데 직립이 어려워. 아침마다 과제처럼 무거운 엉덩이를 침대에서 끌어내느라 안간힘을 써야 해. 물론 X-레이 촬영도 해보고 한방치료도 받고 있지.

나름대로 문헌도 찾아봤어. 척추가 직립에 역할을 하기는 하지만 척추 때문에 직립이 가능한 것은 아니라네. 뇌가 수백 개의 근육을 동시에 통제하여 직립이 가능하다는데, 결론은 창조주의 신비한 기술의 결과라는 거야. 어린아이가 직립에 이르게 되기까지 본능만이 가능한 거잖아. 아파서 또는 엉덩이가 무거워서 고통스럽게 일어서는 건 아니지. 그러니 내가 굳이 직립에 이르게 할 방법을 찾을 이유는 없는데 말이야. 뇌더러 아니면 척추더러 니들이 알아서 날 일으켜 세워봐 '나는 아프니까' 그럴 수 없다는 게 문제야.

허리를 심하게 다친 건 고등학교 때였어. 뒷자리에 서 있다가 앉으려는데 친구들이 장난삼아 내 의자를 빼버려서 허리가 바닥에 팽개쳐졌지. 계집애들의 웃음소리가 어찌나 찰지든지. 일단 부끄럽잖아. 아파도 죽을힘을 다해서 일어났어. 그때는 홀대했어. 치료했었어야 하는데 끙끙대며 며칠을 지내니까 괜찮아지더라고. 그때부터 자주 다치는 거야.

갱년기를 넘기면서 더한 것 같아. 갱년기가 내 인생의 허리 부분인 듯해. 장마철 엉성한 돌담처럼 조직들이 다 어글어글 하거든. 마모된 부분들을 다시 수습해야 할 시기라는 거지. 잘 낫지도 않아서 지치는 거야. 고심 끝에 우리 교회 김종순 목사님의 방법을 써보기로 했어. 목사님은 신장 때문에 투석을 받으시는데 늘 배를 만지며 '아이 러브 신장' 하신다는 거야. 놀랍게도 투석 횟수가 줄었지. 의심하지 마. 사실이니까. 유전자는 뜻에 반응하도록 창조주에 의해 프로그래밍 되어 있다고 했어.

허리 타령이 엉뚱한 데로 흐르고 있어. 내가 객기 부리듯 읊조리던 황진이의 시조를 읊어 볼까 해. 동짓달 기나긴 밤을 한 허리를 베어 내어/ 춘풍 이불 아래 서리서리 넣었다가/ 정든 임 오시는 날 밤에 굽이굽이 펴리라/ 황진이는 동짓달 긴긴 밤의 한 토막을 베어

내고 싶다는 거겠지만, 춘풍 이불에 서리서리 넣듯 치료를 받아야 하는 내 허리로 인해 억지 좀 부려 보려네. 황진이의 무덤에 술잔을 올렸던 임제가 술잔을 내게로 던질지도 모르겠어. 임이시여, 단편적으로 보는 이 순간을 잠깐만 눈감아주길 바라요. 황진이를 향한 임제 님의 사랑은 존경해마지 않습니다.

황진이의 허리는 페미니스트의 혼을 데운 구들장이라고 할까. 춘풍 이불 아래 서리서리 넣어뒀던 허리를 임 오시는 날 굽이굽이 펴리라는 독백은 여성성을 일깨워주는 장면이거든. 조선 시대에 감히 꺼낼 수 없었던 여성 성문화의 일면을 시조로 읊은 거지. 외설스럽다고 치부할 수 없는 당당함이 있잖아. 사대부들이 칠거지악으로 눌렀던 여성성을 대변했다고 할 수 있어. 여성의 성 정체성을 드러낸 면모가 페미니스트로서 제격이지.

황진이의 허리는 현대 여성들이 드러낸 차돌 같은 허리와는 온도차가 있지 싶어. 서리서리 넣은 허리께가 실루엣을 살짝 가린 시스루를 연상케 하잖아. 요즘은 노출의 강도가 심하다 보니 허리 노출은 눈요기도 못 되는 듯해. 살아남기 위해서 눈물로 호소하며 노출을 무기로 삼는 세대라, 허리 노출쯤은 식상할지도 몰라. 젊었으니까 용기 낼 수 있는 특권이기는 해. 다만 어린 연예인들의 허리라인에 눈물이 흐르지 않았으면 좋겠어. 여성의 몸이 차돌같이 차면 좋지 않잖아. 춘풍 이불 아래 서리서리 넣어둘 필요가 있거든.

직립으로 살아야 하는 사람이 창조의 섭리에 맞춰 사는 게 어려우면 병든 거잖아. 침 몇 대 꽂아지게 시간의 허리를 베어내어 항복하듯 엎드렸어. 춘풍 이불 아래 서리서리 넣을 참이야. 직립을 용이하게 하기 위함이지. 치료를 받는 동안 이런 고백도 할 거야. "아이 러브 허리" "아이 러브 허리" 뇌는 나의 좋은 뜻을 받아들여 유전자에 명령하겠지. 허리에 좋은 알파파를 빨리 내보내도록 말이야.

지짐이 나이테

섬에 뜨는 달은 어머니의 지짐이와 짝을 이루며 산다. 지짐이에 푸른 피가 돌아 달의 나이테만큼이나 선명하던 나이테가 희미해졌다. 어머니는 삼 개월 시한부 인생을 살고 계신다. 올 추석 명절의 지짐이는 자손들에게 해줄 수 있는 마지막 손맛이 될지도 모르겠다. 안간힘을 다해 지짐이를 만들었음인지 나이테가 오롯이 새겨졌다. 과업을 끝낸 어머니의 표정은 보름달 같고 목소리는 섬을 다독이는 잔물결같이 자박이신다. 병마도 염치가 있어선지 통증을 잠시 멎게 했을까. 말쑥하신 어머니가 행복해하신다.

어릴 적 내 눈에 비친 어머니의 색깔은 온통 오동색이었다. 오동색은 포슬포슬한 연보라색이다. 오동 꽃내가 온 동네를 들썩이면 어머니가 아끼던 오동색 고무신이 나들이를 했다. 얌전히 코 당겨진 꽃버선을 신고 오동나비가 되어 오일장을 가셨다. 어머니에게선 벌 소리 웽웽거리는 오동 꽃내가 폴폴 났다. 오동색 고무신이 흰 고무신으로 바뀌고 오동 꽃내마저 무덤덤한 어느 날, 어머니의 다리가 밑동 잘린 오동나무 등걸처럼 어머니보다 먼저 누워 버렸다. 댓돌엔 어머니를 기다리다 늙어 버린 흰 고무신마저 온기를 잃은 지 오래다. 이제는 낡은 유모차만이 마당가를 맴돈다. 병든 어머니가 바라보는 마당가에 젊은 오동 꽃이 피어주길 바라건만, 오동나비 같았던 어머니가 오동 꽃내마저 잊으신 듯하다.

어머니는 병원 치료를 거부하신 지 두어 달째다. 눈을 감고 식음을 전폐하시며 의사의 진료를 거부했다. 기어이 고향 집에서 떠나시겠다는 결연함에 자식들이 졌다. 어머니의 결단이 옳다고 해야 할까. 죽음을 맞으려는 말씀마다 서정적이다. 병원에 계실 때는 마당가에 단감이 익어 가면 가시겠다더니, 이제는 단감 잎이 다 떨어지면 가시겠단다. 소천하는 날짜를 당신이 정하기라도 하는 듯 예견이 담담하시다.

어머니의 지짐이에 배꼽이 쑥 나온 가족들이 달을 앞세워 밤바다로 향했다. 추석 보름달은 계수나무를 흔들어 길 안내를 한다. 달 뜬 밤바다가 모두의 감성을 헤집으며 희극무대를 선사한다. 달빛 실린 잔물결에 가족들의 노래와 웃음소리가 고향의 명절 치레를 톡톡히 한다. 어린 질부들까지 달 밝은 가을 바다에 낭만을 엮었다. 시댁 식구들과의 어려운 관계도 달빛 자락에 풀어버린 듯하다. “우리 며느리 잘 한다.” 조신한 시어머니의 외침은 모두를 동작 그만이게 했다. 수줍음 타는 어린 며느리의 노래에 시어머니의 추임새는 황금 달빛이 뿌려지는 순간이지 않았을까. 이런 애틋한 밤의 유희가 가능한 건 아직은 어머니의 지짐이에 나이테가 선명하기 때문이리라.

밤은 자정을 넘기려는데 나이든 여자들은 잠들지 못했다. 때맞춰 동생의 친구가 밤배를 태워준단다. 잠든 어머니의 숨결에 안도하며 또 밤바다로 갔다. 잠든 밤바다가 놀라지 않게 나직이 노래를 불렀다. 어부는 달 밝은 가을밤의 노랫가락에 젖으며 통발을 끌어올렸다. 검정 볼락들이 뱃전에 쏟아지며 텀블링을 한다. 꽃게의 날 선 집게는 달의 계수나무라도 찍어낼 태세다. 달빛을 받은 볼락의 지느러미가 검은 깃발을 90도로 세웠다. 튀어 올라 내 뺨이라도 후려 칠 듯하다. 언니들은 육십 평생에 처음으로 통발을 걷는 밤배를 타본다며 볼락의 텀블링에 흥분했다. 내친김에 '달 밝은 가을밤에 기러기들이 찬 서리를 맞으면서 어디를 가느냐'고 합창을 했다. 돌아오는 뱃전에선 승전고라도 울리듯 노랫가락에 신명이 났다. 아직은 노래에 신명이 나도 괜찮다고, 신명 뒤에 달라붙는 헛헛한 심정을 애써 외면했다. 달을 한껏 받아들인 밤배에 찬 서리가 내리지 않은 척도 하며, 요담엘랑 단풍잎을 입에 물고 오라고 노래했다. 어머니는 내년 추석에도 기러기들처럼 단풍잎을 물고 오라고 우리를 불러 주실 수는 없을까.

다음 날, 어머니와의 이별이 수선스러웠다. 지짐이가 봉지봉지 담겼다. 꼭이 다음 명절을 기약하시던 어머니가 설날에 또 오겠다고 아무리 외쳐대도 낮달 같은 미소만 지으신다. 단감 잎이 다 떨어지면 가시겠다던 예감에 당신을 맞추는 것일까. 삶과의 이별 연습이 잦았지만, 이번엔 달라 보인다. 아무래도 단감 잎이 다 떨어지면 지짐이의 나이테를 걷을 모양이다.

이른 추석이라 단감 잎이 푸르고 무성하다. 자손들은 눈앞에 보이는 푸른 잎을 위안으로 삼고 또 약은 이별을 한다. 어머니는 또 남은 날 동안 밤마다 달의 나이테를 세며 다시 한 번 더 자손들을 볼 수 있기를 갈망할 것이다. 나는 이번이 마지막이어서는 안 된다고 지짐이 봉지를 흔들어대며 우기고 싶다. 썰물 같은 이별에 엉거주춤한 어머니가 대문간에 섰다. 멀어지는 어머니의 손짓이 멈출 줄을 모른다. 생이별 같은 통증에 어머니의 손짓마저 놓치고 말았다. 지짐이 봉지를 끌어안으며 '제발'이라고 염원을 쏟았다. 시큰한 콧등 사이로 어머니의 오동 꽃내가 나는 듯하다.

요즘엔 달을 피하고 싶다. 달은 어머니의 숨결이 잦아드는 날 또 우리를 부를 것이다. 그 날이 이내 올까 봐 달 보기가 두렵다. 마당가 단감 잎도 물들었을 테지. 지짐이 나이테에 푸른 피가 멈추면 달 밝은 가을밤의 유희가 가능키나 할까. 어머니를 기억하는 달의 나이테만 보는 일은 또 얼마나 힘겨울까. 어머니의 오동 꽃내는 내 기억 속에서만 살아가려나. 달은 오늘도 나이테를 만들 텐데 시한부 어머니는 남은 단감 잎만 세고 계실까.

꽃수다

산 벚꽃 만개를 내 어찌 다 감당할까. 벚꽃 송이 사이로 설핏설핏 보이는 봄 하늘이 처연해서 명치를 눌렀다. 만개한 꽃을 보고 탄성을 지르면 될 일을 왜 이다지도 숨은 찰까. 이 엄청나게 흐드러진 벚꽃을 그냥 훑고 가기에는 내 눈의 수가 너무 적고, 더 크게 탄성 지르지 못하는 내 목구멍이 너무 솔다. 열려버린 내 가슴에 하늘을 메우듯 꽃잎으로 다닥다닥 채워야만 감당이 될까.

상춘객들도 카메라를 들이대며 꽃수다를 늘어놓는다. 저들도 누군가에게 소문을 퍼뜨려야만 만개한 꽃을 온전히 만끽할 듯 해서리라. 벚꽃 송이 아래에는 개나리꽃 줄기가 늘어졌다. 꽃 속에는 직박구리 한 쌍이 강철 같은 노래로 데이트 중이다. 꼬리를 까닥대며 개나리 꽃잎을 쪼아 먹는다. 꽃잎을 먹는 직박구리들은 극장에서 팝콘 먹는 커플 같이 다정도 하다. 올려다보는 내가 방해꾼인 양 꽃잎을 떨어뜨린다. 찢긴 꽃잎이 내 앞섶에 떨어졌다. 새가 먹다 떨어뜨린 개나리 꽃잎을 별똥별이라도 받은 듯이 앞섶을 여몄다. 놀며 날며 꽃을 쪼아 먹는 새들의 데이트에 한참을 머무르며 구경을 했다. 남의 시선쯤이라 아랑곳하지 않는 젊은 연인들처럼 꽃가지를 출렁대며 꽃수다가 오래다.

벚나무 밑엔 여인들의 입담이 걸다. "그 xx놈 저그 큰딸 여울 때 나타나더니 얼마 못 가서 둘째 딸 여울 때 또 나타나더라고." 약은 수 쓴 남자를 두고 핀잔이 퍼질러졌다. 무리는 언제나 동의가 쉽다. 수긍하는 이들의 입심이 뭉치 큰 벚꽃을 떨어뜨릴 기세다. 다른 무리에서도 떡볶이 아줌마 암 걸렸다고 눈동자를 키우며 소문을 낸다. 혀 차는 동의도 크고 찰지다. 꽃그늘의 수다다. 대신대학원 대학교 권대근 교수는 예로부터 우리 여인들의 돌파구는 수다라고 했다. 그마저도 없었다면 여인들의 삶이 한층 더 힘겨웠을 거란다. 층층시하 시집살이와 남성들의 지배하에 어디 소리 한번 내볼 수 있는 삶이던가. 화전놀이 한번에도 허락을 맡아야 했던 옛 여인들의 화병 치료는 수다여야 마땅했으리라.

나는 수다를 떨 상대도 꽃잎 쫄 부리도 없지만 꽃수다에 끼이고 싶어 사건 하나 만들어서 품속에 숨겼다. 한 남자를 향한 외사랑에 올해는 작심을 하고 자필로 쓴 연서를 띄우려 한다. 꽃그늘을 등지고 앉은 흑인 남자 조각상이다. 산에 올라온 수고를 덜게 하는 벤치에 그 남자가 있다. 남자 옆에 앉아 코팅된 편지를 꺼냈다. 의자 틈새에 줄을 두르고 편지에 핀을 꽂았다. 왜 이다지도 가슴은 쿵쾅

댈까. 누가 볼세라 서둘러 벗어나며 부끄러움을 훔쳤다.

예술에 말 걸기라고 해 두자. 실상은 그 남자 옆에 앉는 이들에게 꽃잎 떨어뜨리던 새처럼 꽃수다 한 줄 남기고 싶어서다. 수작(秀作)이면 이런 짓도 하지 않으려나. 수다가 전문성일 필요는 없지. 괜한 짓이지 싶으면서도 굳이 꽃수다라고 명명하며 갈등을 접었다. 벚꽃 구경을 한참하고 내가 흘린 편지 곁을 범죄자처럼 배회했다. 머리가 희끗희끗한 중년 남자가 편지를 집어 든다. 그 모습을 차마 마저 볼 수가 없어 나그네인 양 지나쳤다. 수다를 들어 줄 대상을 찾았다 할까. 내가 의도했던 바를 이룬 셈일까. 내 범행을 확인하러 또 와 보리라. 내 의도에 내가 들켜버려서 뒤가 켕긴다. 발신인을 밝히지 않은 것으로 민망함이 덜어지려나.

사흘째 되던 날 문인들이 그곳을 가기 위해 번개모임을 한단다. 허튼수작을 들킨다는 건 못 견딜 일이지. 삼십 분을 앞두고 서둘러 산을 올랐다. 어둠이 조팝나무 꽃가지들을 잠재우려는 시점이다. 내 발길은 증거를 없애려는 초범처럼 허둥댄다. 해반닥대는 조명이 켜지기 전에 처리를 해야 했다. 숨을 헐떡이며 도착해보니 내가 묶어 둔 편지가 없다. 일단은 다행이지 싶다. 이제 문인들 앞에서 수치를 당치는 않게 생겼다. 아쉽기도 하다. 꽃 지는 날 그 남자가 부는 플룻에 꽃잎이 떠다닐 때까지 기다렸다가 가져가도 됐을 텐데. 누군가의 소유욕이다. 벚꽃 만개를 감당치 못했던 내 심정과 같았을까. '더불어' 산다는 건 소유욕을 접는 것일 텐데 그도 나도 본능에만 충실해서 온 결과였으리라.

다음날도 그다음 날도 편지는 돌아오지 않았다. 편지를 가져간 사람이 누구인지 아는 남자의 침묵에 놀림을 당하는 기분이다. 남자에게 말 걸기도 접었다. 내년까지 외사랑을 또 어찌 견딜까.

봄바람에 흩날리는 꽃송이는 이제 홑잎이다. 홑잎은 만개한 순간보다 더욱 애살스럽다. 꽃수다가 짧아서 설운 날이다. 꽃 지는 이 날을 어찌어찌 보낼까.

직박구리 연애는 길기도 하다.

남성 스포츠 마사지

건물 3층의 속살을 엿본다. 엘리베이터 안에서 두 남자를 만났다. 5층까지 제품을 올리다가 엘리베이터에 흘린 쓰레기를 치우던 차였다. 두 남자가 나를 힐끔거린다. 5층을 눌렀더니 서로 3층 아니냐고 반문을 한다. 나를 남성 마사지실 직업여성으로 알았음이라. 서로 눈짓을 교환하다가 3층에서 후딱 내린다. 저들의 뒷모습을 보면서 웃음이 나왔다. 저들도 하마터면 실수할 뻔했다는 눈짓과 예상했던 여성이 아니어서 안도하는 웃음이 터졌음직하다. 나한테 직업여성에게 대하듯 말을 걸었더라면 적잖이 당황하지 않았을까. 나는야 태연했을 수도 있었겠지만.

우리 가게는 1층이고 창고는 5층에 있다. 3층엔 남성 스포츠 마사지실이다. 1층 엘리베이터 근처에는 마사지실 광고로 '피로 회복'이라고 씌어 있다. '피로 회복'이라는 단어가 지극히 상대적으로 보인다. 계단마다 〈3층 남성 스포츠 마사지〉라는 광고가 붙었다. 남성 마사지실이면 될 일을 스포츠란 단어는 왜 들어갔는지 궁금해진다. 가끔은 홍등이 비치는 문이 열려 있기도 하다. 스포츠란 단어와 홍등이 어떤 관계인지를 생각한다. 스포츠란 운동경기인데 조명을 받아야만 능률이 오르는 운동도 있다는 얘기다.

엘리베이터에서 만난 두 남자가 스포츠에 대한 기대를 숨기느라 딴청을 떨던 모습을 상기했다. 남성 스포츠 마사지라는 단어 속도 헤집어 본다. 성을 구별한다는 건 금기시하는 대상이 있다는 얘기다. 단연코 여성이다.

남성 스포츠 마사지이기에 여성 금기의 정당한 안전망으로 성을 구별해 놓았다. 사장과 직업여성은 고객이 아니기에 배제된 여성이다. 여성을 금기시하면서 섹슈얼한 느낌의 홍등은 마사지의 능란함을 부추기는 기술적 보조수단인 셈인가. 능란함에 내맡겨서 오른 정상이야말로 남성 스포츠 마사지의 묘미이고 오르가슴인가. 이곳의 '피로 회복'이라는 광고는 마사지로 절정을 이룬 남성만이 푸는 피로 회복으로 볼 일이다.

어느 소설에서 남성 스포츠 마사지실에 이발하러 들어갔다가 마사지 여인의 손길에 속절없이 사정을 해버린 목사의 얘기가 나온다. 그 목사는 같은 건물이라 인사도 하고 이발도 할 겸 들어갔다 한다.

이발은 시작도 않고서 그들만의 능란함에 거부할 겨를도 없이 '어어' 하다가 일이 끝나고 말았다고. 인간의 의지로는 속절없이 무너지는 육신의 쾌감을 막을 수가 없었다는 얘기다. 나도 3층이

고급 이발소 정도로만 알았다가 우리 가게에 온 손님들이 3층 여성들의 묘술을 떠들어 대는 바람에 그곳의 실체를 알았다. 입구부터 조명이 심상찮은 것이 소설 속 그림이 그려져서 웃음이 터지기도 한다.

며칠 전엔 남성스포츠 마사지 사장인 중년 여자와 함께 엘리베이터를 탔다. 표정이 어둡고 거칠어 보였다. 서로 아는 체를 하지 않았지만, 암묵적으로는 대화를 했으리라. 대화라기보다는 싸움닭 수준이지 않았을까. 엘리베이터 문이 닫히고 나는 당신과는 다른 인생을 사는 여자라고 뻐기듯 단박에 5층을 눌렀다.

그녀가 자신의 직업에 할 말 있냐고 반박하듯 3층을 지그시 눌렀다. 2층을 오를 때쯤 내가 먼저 눈인사라도 할 걸 그랬다는 생각이 들었다. 그녀는 서로 인사 안 하고 지내는 게 더 낫다는 듯이 닫힌 문만 응시했다. 3층을 오를 때쯤 그녀가 껄끄러운 도착지임을 인정하듯 콧숨을 크게 내쉬었다. 나는 사회의 음지니까 껄끄러움 정도는 가져야지 않겠냐는 듯 턱을 세웠다. 문이 열리자 그녀가 발을 크게 내디뎠다. 큰 발소리는 당신 남편도 별수 없을 거라는 경고 같았다. 문이 닫히고 5층을 오르는 동안 그녀의 뒤통수에 대고 내 남편만은 안 그래 라고 날리지 못한 말이 입안을 맴돌았다. 5층에서 내렸다.

옥상으로 가는 계단에 눈길이 간다. 옥상 빨랫줄에서 햇살에 뭔가를 말리던 수건들이 연상되었다. 순간 입안에 머물던 남편에 대한 신뢰가 힘을 잃는다. 내 남편까지 끌어들이는 날엔 가만있지 않겠노라고 구겨진 신문지 같은 고발장을 날려 본다. 암묵적 싸움닭의 승부수가 묘하다. 내가 되레 흔들렸으니 진 것 같기도 하다. 나와 같은 아내들이 쳐 놓은 그물쯤은 얼마든지 들락거릴 수 있는 헐렁한 사회구조에 망연해졌다.

어느 날은 얄상스럽게 생긴 젊은 여인이 엘리베이터를 타려다가 내가 먼저 타는 바람에 돌아서서 딴전을 피웠다. 그다음 날도 그 여인이 엘리베이터 앞에서 서성였다. 파리한 피부가 도리어 우울해 보이기까지 했다. "안타세요?" 했더니 얼버무리며 지체를 한다. 직업으로 나선 길이라면 건물 내에서 누구를 만난다는 것 자체가 불편할 수도 있겠다 싶어 문을 닫았다. 남편을 찾으러 온 아내일지도 모른다는 생각도 했다. 남편을 찾으러 온 아내라면 그토록 우울해 보이는 얼굴로 남편을 찾아낸들 감당키나 할까.

남성 스포츠 마사지의 피로 회복에 피해를 보는 쪽은 여성이라 은근히 화가 났다. 사장도 떳떳하지 못한 업이기에 같은 건물에 사는 사람과 인사도 마다하지 않는가. 얄상스러운 여인이 직업여성이면 우울할 수밖에 없는 이유가 있지 않을까. 남성 스포츠 마사지는 그들만의 피로 회복이라서 상대 여인들은 시든 배춧잎같이 생기가 없나 보다.

또다시 그 여사장과 마주친다면 인사를 할까. 인사를 할지라도 암묵적인 대화는 여전하겠지. 인사 속에 내 남편만은 절대 안 된다고 경고를 넣을 거야. 그녀가 오는 손님은 마다하진 않는다고 응수한다면 나는 KO패를 당하는 걸까.

내가 쥔 마지막 카드는 날려 보겠어. 꿈이 뭐였냐고. 나처럼 평범한 아내가 되고 싶었다고 해주기를 기대하면서. 고객이 많아져서 이 건물을 사는 게 꿈이라고 한다면? 승부는 지구 종말에나 나려나.

가시거리 안의 절규

우리는 자기 체면술에 걸렸음이라. 보고 싶은 것만 보았고 듣고 싶은 것만 들었음이라.

부모의 매질에 죽어가는 아이들의 절규를 듣지 못한 탓에 공범인 듯 고개를 숙였다. 별 잘 드는 가시거리 안에서도 자식 학대하는 부모는 출구 없는 동굴이었다. 그런 칠흑 같은 동굴을 보지 못해서, 단말마 같은 절규를 듣지 못해서 미안하다. 자식을 토막 내어 냉동 보관한 부모가 살던 시에 내가 살고, 딸아이를 때려죽인 저명인사가 사는 동네에 내가 살아서 곤욕스럽다.

누가 잔혹한 매질을 부모의 훈육이라 할까. 매질의 고통 중에도 아빠를 부르고 엄마를 불렀을 소녀는 뼈가 부서지고 핏줄이 터져서 죽어갔다. 부모라는 동굴은 소녀의 절규를 어찌 그리도 철저히 차단할 수가 있었는지. 딸바보 아빠는 어느 행성의 동화 같은 얘기인지. 아빠와 계모의 분노 해소용 도구에 불과했던 사춘기 소녀는 슬퍼할 겨를도 분노할 겨를도 없이 죽어갔으리라.

후안무치한 저들의 가면은 양심을 얼마만큼 가릴 수 있었을까. 딸아이를 백골이 다되도록 방안에 방치해놓고, 저명인사 역할을 버젓이 하고 살았다니. 유머가 많은 교수였다고. 늘 웃는 목사였다고. 전문가들은 자신의 사회적 입지만큼 자식들이 따라주지 않는 것에 대한 분노라고 지적한다. 오로지 자신의 입지만을 고수하느라 딸아이의 시신을 백골로 방치한 죄과를 어찌 다 치를 것인가.

부모 될 자격도 갖추지 못한 채 무늬만 부모가 되었음일까. 거푸집 같은 가정에 묶인 아이들의 불행은 예상이 되는 것을. 자식 사랑의 기준은 없고 자신의 욕망에만 초점을 맞추다가 매를 들었다. 자식들은 샌드백같이 터지지 않는 질긴 가죽 부대가 아닌 것을. 자신들과 같은 피가 흐르고 사랑받을 자격이 있는 인격체인 것을 왜 외면하고 말았을까. 때려죽인 자식의 주검을 어찌 그리도 태연히 자신의 안위 속에 묻어놓고 살 수 있었는지. 지인들마저도 고개 숙일 악행을 저질러놓고도 하나님 좋아, 친구 좋아 가 가능키나 했는지. 우리 사회가 자식 사랑은 천륜이라 방임한 대가가 섬뜩하다. 아이들 절규 속의 외마디마저 엄마! 아빠! 이었다면 부모의 명치는 녹아내려야 마땅하리라.

사건이 터지고 성주산 전망대에서 동네를 내려다봤다. 가시거리가 촘촘한 도시들과 북한산 굽이까지 보일 정도로 청명한 날이었다. 햇살은 골목골목을 누비고 학교 운동장에선 아이들의 소리가 왁자지껄했다. 저 소리 속에 섞여서 깔깔대야 할 한 소녀의 목소리는 백골 속으로 사라졌다. 소리가 없다고 죄마저 사라지랴.

저 아이들의 소리는 다 밝기만 한 건지. 혹여 부모의 학대에 노출된 절규는 아닐는지. 살아있으나 죽어가는 소리는 아닐는지. 우렁차고 청아한 아이들의 소리에도 예민해져서 기도가 절로 나왔다. 부디 아니기를.

뉴스 보기가 두렵다. 그 두려움에 매질을 당하듯이 또 다른 아이들이 부모의 폭력과 감금으로 온몸에 청소용 화학물질이 뿌려진 채, 사지가 묶인 채 죽어갔단다. 암매장이라니, 아 제발! 이라고. 이제는 더 이상 들을 수가 없노라고 명치를 누르며 간절함을 실어도 아직도 밝혀지지 않는 아이들이 있단다. 또 무슨 악한 행위로 아이들을 없앴을지, 어느 창고에서, 어느 욕실에서 발가벗겨진 채 폭력으로 배고픔으로 두려움으로 절규하고 있을는지. 우리는 악의 극치에 치를 떨며 눈을 뜨고 귀를 열일이다.

그중 한 부부는 죽은 자식을 베란다에 방치한 채 정관복원 수술을 신청했다나. 아이가 백골이 되어도, 냉동이 되어도 죄는 드러나는 법이어서 다행이라 해야 할까. 정부는 이제야 아이들의 실태를 파악하느라 동분서주한다. 부모 인성교육을 내걸기는 했다만 그것마저 외면하는 부모라면 아이들은 또 방치되는 게 아닐는지. 대책이라고 내어놓은 계획이 황사에 가려진 낮달처럼 흐릿하다.

형체가 무너진 아이들의 주검은 부모의 배웅도 받지 못한 채 쉴 자리를 찾아갔다. 유가족들의 처절함만이 남아 공허한 가슴을 찢는다. 부디 하늘가는 길만은 밝았기를. 매질도 묶임도 불 꺼진 욕실의 공포도 배고픔도 없는 곳에서 안식하기를. 그곳에선 영정 사진에서처럼 환하게 웃을 수 있기를.

자식 사랑이란 단어가 죄의 외곽에서 학대가 두려워 떠는 아이들처럼 파리하다.

45 되기

가족 설빔으로 로또 8장을 샀다. 로또를 살 때는 가족들과 재미있는 분위기를 기대했건만 정작 자식들이 다 가고 난 뒤에서야 로또 산 것이 생각났다. 다행히 오천 원짜리가 두 장이나 되었다. 남편이 로또 맞춰보는 걸 볼 때마다 내심 돈도 잘도 날린다고 여겼다. 막상 두 장이 되고 보니 기대가 생긴다. 당첨의 주인공이 나일 수도 있다는 예상이다. 새삼 누구에게나 열린 달달한 기회를 잡아보지 않았다는 게 약간은 충격이다. 당첨의 주인공에 나를 넣어보니 잠재된 욕망이 입맛을 돋운다. 인생에 수직으로 상승하는 경우로 로또만 한 기회가 없지 싶지만, 인생의 터닝 포인트를 잡는다면 로또 같은 기회도 오게 되지 않을까.

방송통신대학교 OT 행사에 참석했다. 뒤풀이 모임에 참석한 새내기들이 한결같이 4년 만에 졸업을 할 수 있을지 염려스럽단다. 저들의 눈빛엔 막연함과 염려가 그대로 실렸다. 나는 방송대학교에 입학할 당시 4년 만의 졸업이 어떤 의미인지 몰랐다. 당연히 날이 차고 해가 가면 졸업이 되는 게 아닌가했다. 군대 시계도 가는데 방송대 시계인들 가지 않겠나 싶었다. 방송대 특성상 결코 그럴 수가 없다는 것을 알지 못했다. 나의 기대를 벗어난 졸업은 길어졌다. 비록 동기들과 같이 졸업하는 기쁨은 못 누렸지만 타 과목을 휘젓고 다니며 공부를 했다. 그 일 또한 내 글쓰기 작업에 얼마나 많은 도움을 줬는지 모른다. 새내기들에게 조언하는 이들마다 4년 만에 졸업하는 방법을 제시했다. 새내기들의 귀는 선배들의 말 한 톨이라도 놓칠세라 거미줄을 촘촘히 친다. 나는 4년 만에 졸업하는 것이 목적이 되어야 하는 것에 반기를 들었다. 졸업이 목적이 아니라 인생의 터닝 포인트를 잡는 게 목적이 되어야 하지 않을까 해서다.

요즘 스마트 폰에서 공유되고 있는 45 되기 작전을 제시했다. 5와 4.5가 갑과 을의 관계에서 4.5가 5에 도전하는 숫자 놀이다. 내가 말하고자 하는 것은 갑과 을의 관계가 아니다. 점을 빼서 45가 된 4.5의 도전이다.

내 경우엔 4.5학년 즈음에 점이 빠졌다. 수필로 등단을 한 것이다. 억짜리 로또 당첨만이 로또겠는가. 내 인생에서 점 하나 빠진 사건을 로또라 여긴다. 4.5학년 전의 내 모습은 늘 5의 그늘에 있었다. 학력에 대한 부러움과 열등감은 늘 나를 4.5이게 했다. 더 내려앉지도 못하는 4.5는 나이가 들수록 한처럼 옹이 져 갔다. 오십줄에 들어서고서야 5에 대해 도전장을 냈다. 공부에 대한 부담감은 저들 못지않았다. 4.5의 길을 걷는 동안 5에 대한 부담감이 서서히 걷어졌다. 5는 어쩌면 4.5의 열등감에 관심도 없었으리라. 참으로 오랫동안 박혀 있던 옹이 같은 점이 빠지고 45로서 당당히 문학의 세계에 입성했다.

이제 또 다른 세계의 4.5에 와 있다. 겸손할 수 있는 점이기에 지금의 4.5를 즐긴다. 목표인 45가 꿈처럼 나를 이끈다. 점 하나를 뺐다고 45로 가는 길이 만만하다면 꿈이라 말하지 않으리라. 꿈으로 가는 길은 3과 4일 때보다 더 치열하다. 다만 치열 속에 들어서는 내 열정이 번번이 달뜨기에 열등감의 4.5가 아니어서 감사하다.

두 장의 로또를 바꾸면서 마음에 미동을 느꼈다. 시작이 좋았으니 이미 당첨이 된 건 아닐까 하는 요사스런 기대가 토요일 밤을 기다리게 했다. 기대와는 달리 두 장의 로또는 몇 초 만에 공중분해됐다. 웃는 일이 마무리였다. 약간의 기부행위는 이뤄졌으리라 위안하며 기회를 타인에게 넘기는 너스레로 로또의 매력을 접었다. 적어도 로또를 꾸준히 사는 사람들만큼은 해야 점을 빼지 않을까 싶었지만, 게임에 별 흥미가 없는 탓에 로또의 재도전은 하지 않았다. 새삼 로또 같은 막연한 욕망에도 내가 묶인다는 사실에 놀랐다. 나의 인성이란 게 조삼모사 해서 순식간에 들어서는 욕망을 제어할 능력이 없음을 확인하는 계기도 되었다.

다들 로또를 사는 이유가 뭘까. 당첨의 기회를 놓치는 것이 사회기부라는 사실을 염두에 두고 로또를 사는 사람이 얼마나 될까. 로또로 점핑된 재산이 과연 행복을 보장할까. 로또의 45가 되었을 때의 처우도 문제다. 더러는 알차게 컨설팅해서 재산 관리를 잘하는 이도 있을 것이나, 뉴스에서 접하는 로또의 행운이 오래지 않아 불운을 맞는 경우를 종종 보았다. 그들은 로또 당첨 이전의 삶을 갈구할지도 모른다. 로또 당첨만이 행복의 45가 아님을 증명한 셈이다. 당첨되었을 때 행복을 건재할 수 있는 전문 컨설팅과의 상담도 필요하리라.

숫자 4.5에서 45 되기는 하찮을 만큼 쉽다. 지우개로 점 하나를 지우면 된다. 반면 삶의 점 빼기는 로또 당첨되기만큼이나 어렵다. 숫자 점 빼기만큼 쉬우면 어디 그게 인생일까. 내 인생 2막의 45되기는 아직 걸음마다. 4.5의 달뜬 열정에 한껏 몰입하려 한다. 목표를 45에 두었기에 4.5인 지금이 치열해서 행복하다.

계절 남자

니트 입은 남자의 목덜미가 그리운 계절이다. 누구인지 기억나지 않아서 숨은 추억이라 해야겠다. 니트 입은 남자는 왠지 음성이 낮고 부드러우며 커피 잔을 잡았을 때의 온기가 느껴질 듯하다. 니트의 올 굵은 선같이 푸근한 성품일 거라는 막연한 기대도 있다. 음악다방 디제이의 모습이 그랬을까. 여고 때 친구가 집착하던 선생님의 목덜미가 그랬을까. 끈덕지게 구애를 하던 남자의 니트 선이 뒷목을 고르게 돌아간 것을 보고 살짝 마음이 흔들린 적이 있다. 헐렁하게 늘어진 소맷자락 때문에 이성의 감정이 싹 가시긴 했지만. 니트 입은 남자의 목덜미는 그때나 지금이나 마음의 잔물결을 일으킨다.

남자든 여자든 이성을 볼 때 설렘을 체험한 신체적 부위가 있을 것이다. 사람의 시선이 가장 빨리 닿고 가장 오래 머무는 곳에 사랑의 불꽃이 이는 것이리라. 배우 이병헌의 녹여버릴 듯한 미소라든지, 송혜교의 달싹이는 윗입술이라든지, 짧은 바지에 운동화를 신고 슈트 자락을 펄럭이는 젊은 남자들의 워킹에서 이성을 느끼기도 하리라. 언젠가 TV 예능프로그램에서 사교춤을 즐기는 할아버지는 젊은 여성의 긴 머리카락이 뺨을 스칠 때 가장 섹시하더라고 했다. 모두들 할아버지의 바람기에 폭소가 터졌지만, 웃음거리로 넘겨버릴 수 없는 예술적 감각에 감탄해 마지않았다. 니트 입은 남자의 목덜미를 보는 내 감정과 같지 않았을까.

시월의 마지막 날 밤에 가을비가 사뿐히 훈수를 들었다. 니트 입은 남자의 목덜미에 이끌리는 사건 좀 있어야 할 것 같은 밤이다. 수필가 셋이 찻집에 앉았다. 출판기념회에 참석했다가 모인 작가들이다. 사회를 맡았던 작가의 얼굴은 이른 단풍처럼 고운 빛이 남았다. 밖엔 가을비에 젖은 낙엽이 구르고, 커피 향에 가을 로맨스는 순서처럼 흘러나왔다. 내가 먼저 니트 입은 남자의 목덜미가 그리운 날이라고 너스레를 떨었다. 남자를 보는 별스런 시각에 다들 눈빛이 빛난다. 나이 어린 작가는 남편에게 니트를 자주 입혀놓고 목덜미를 보란다. 순간 '슝' 하고 바람 빠지는 풍선을 보는 듯한 표정들이 된다. 작품에 남편 자랑해대는 것만큼이나 후줄근해지는 순간이다. 눈치 빠른 한 작가가 계절마다 전화하는 로맨틱한 남자 얘기를 꺼낸다. 옳다구나. 파스텔 풍선이 통통 튕기듯 추임새마저 탱탱해진다. 자신을 잊었냐고 투정부리듯 하는 남자의 전화는 계절을 넘기려는 시점마다 재미진 기회를 준단다. 어쩌다가 남편 아닌 다른 남자의 로맨틱한 전화에 입꼬리 살짝 올라가는 것을 탓할 일은 아니리라. 더는 진전도 절정도 없건만 장난기 동한 김에 수필가는 섹시하다고 부추겼다가, 수필은 섹시하다로 정의를 내렸다. 커피 한 잔에 휘청거리도록 로맨틱한 대화는 시월의 마지막 밤을 수필스럽게 만들어 갔다.

여고 시절, TV를 보는 중에 '가을비 우산 속에'를 부르던 최헌의 빛나던 눈빛에 감전된 적이 있다. 평소에는 늙수그레한 아저씨 같았는데 그날따라 카메라가 그의 반짝이는 눈빛을 오롯이 끌어와 내게 쏟아부었다. 순식간에 그 눈빛에 빠져들며 마음이 요동을 쳤다. 사랑의 발아를 체험한 사건을 친구들에게 떠벌렸다. 남자 친구가 없던 나로서는 그 순간의 설렘은 말 그대로 감전 상태였기에 사랑의 증거라 여겼다. 한동안 내 취향에 어이없어하는 친구들은 가수 최헌을 나의 애인쯤으로 몰아가며 놀려댔다. 핸섬한 미술 선생님이 전교 여학생들의 우상이었기에 가수 최헌에 빠진 나는 놀림감이 되고도 남았다.

미술 선생님은 조각남의 원조였다. 늘씬한 체격에 흰 얼굴을 돋보이게 하는 구레나룻이 눈 설지 않은 데다 쌍꺼풀 없는 큰 눈이 매력이었다. 가을 하늘에 맘이 설레던 체조 시간, 주황색 남방에 백바지를 입고 체조를 하러 잔디밭에 나온 날, 전교생들은 선생님을 헹가래를 쳐서 하늘로 날려버릴 듯 자지러졌다. 다른 선생님들의 부러운 시선까지도 능치게 받아넘기던 선생님이 귀엽긴 했지만, 그 선생님은 전교 여학생들의 연인이었을 뿐 내 마음은 요동이 없었다. 내게 사랑의 감정을 알게 해준 가수 최헌의 노래를 즐겨 듣는 것으로 저들의 사랑에 맞짱을 떴다. 언제부턴가 그 눈빛마저 무덤덤해지긴 했지만, 내게는 가수 최헌의 '가을비 우산 속에' 노래가 계절 남자쯤 되었던 것 같다.

문학기행 때 손편지 쓰는 시간을 가졌다. 가을에 걸맞은 로맨틱한 편지를 쓰자고 제안했다. 아직도 만나지 못한 이상형에게나 연인에게 쓰는 편지는 비공개로 하겠노라며 손편지에 로맨스를 얹어보기를 권했다. 한밤중에 써놓고 아침에 부치지 못하는 편지 같다면 더욱 로맨틱한 편지일 거라고 감성을 부추겼다. 가을 들녘에 흩어져서 손편지를 쓰는 이들의 모습은 여러 편의 서정시이고 로맨틱한 수필이었다. 논둑에 걸터앉아 편지를 쓰던 여인의 부치지 못하는 편지는 기어이 모두의 감정에 물꼬를 내고 말았다. 비공개를 원했던 이들은 아예 제출치 않았으나 가을바람에 흔들리며 쓴 감성 녹진한 손편지가 꼭 전해지기를 바랐다.

시월의 마지막 밤에 입꼬리 함께 걸었던 작가들의 로맨스는 어째 또 접어지고 마는지. 수다 삼매경에 빠졌다가 밥할 시간이라 훌훌 털고 일어서는 주부들처럼 마음 정리를 끝내고 일어섰다. 플라타너스 큰 잎사귀가 가을바람에 서걱대는 길에서 이별을 했다. 향필하기를 바라는 포옹은 여느 연인들의 이별 못지않게 아쉬움이 실렸다. 먼 길을 운전해야 하는 그녀에게 누군가의 전화가 울리기를 바라본다. 오늘 같은 날 밤엔 계절의 남자가 아니어도 로맨틱한 드라이브가 되리라. 니트 입은 남자의 목덜미를 그리워하는 나의 눈빛도 수필스럽지 않은지. 시월의 마지막 밤은 또 한 계절을 넘겨주는 계절의 남자가 되어 깊어갔다.

인디언 추장의 편지

청산에 사는 새들은 영문을 몰라 허둥댄다.

낯선 사람들을 태운 승용차가 드나들고 청산골짜기의 누구도 닮지 않은 사람들의 눈빛이 매섭다. 청산에 늘려진 머루랑 다래는 거들떠보지도 않고 여기저기 발 뼘을 재는 일에만 정신이 팔렸다. 산바람과 묵은 청산은 뭔가를 아는 듯 산새들을 깊은 숲으로 숨긴다. 머잖아 바람도 이름이 바뀌고 청산도 몸뚱이 한쪽이 뭉툭하니 잘리어 나갈 것을 아는 것일 게다.

사람들은 청산을 보지 않고서도 거래가 활발하다. 거래는 몇 번의 재주를 넘어 원시 산사람이나 살 법한 골 깊은 청산까지 왔다. 목소리를 충분히 높일 수 있는 조건을 갖춘 질 좋은 청산이라 거래는 급물살을 탄다. 거래 틈틈이 진실보다 더한 의심은 멀쩡한 인간들을 황폐화하며 한 치의 양보도 없이 같이 뒹군다. 서로에게 매눈을 쏘아대고 경계를 하느라 여념이 없다. 사람들은 지쳐가나 거래는 썩은 동아줄도 이을 만큼 팽팽하다. 인디언을 내쫓듯 그곳의 원시림을 무너뜨릴 준비가 척척 돼 간다. 곧 길이 나고 건물이 지어질 것이다. 도시인들의 침입은 청산을 해치는 많은 재해를 몰고 올 테지. 물질이 우선한 사람들을 보는 청산의 서글픔을 저들은 알려 하지 않는다. 시애틀 추장의 음성을 대신할 누군가는 없는 것일까. 청산은 이곳에서도 시애틀 추장의 편지를 읽어 줄 누군가를 찾고 있다.

1854년 당시 미국 대통령이 인디언 부족에게 백인 대표단을 보내 인디언 보호구역을 제공해 주는 조건을 내세우며 땅을 팔 것을 요청했다. 요청에 응하지 않을 때 어떤 결과가 오리라는 것도 암시했으리라. 이에 인디언의 시애틀 추장은 장문의 글을 통해 저들의 돈과 총구 앞에서 무력하나마 자신들의 소리를 냈다. 땅을 사고 싶다고 요청하는 백인들의 제의를 고려는 해보겠으나 어떻게 하늘과 땅을 팔 것이며, 신선한 공기와 반짝이는 물은 자신들의 소유가 아닌 것을 어떻게 사고팔 수가 있겠느냐고 했다. 사람은 자연에 속한 거대한 생명 중의 한 가닥일 뿐이며, 자연의 아름다운 소리를 듣지 못한다면 인생에 남는 것이 무엇이겠냐고 말이다.

소나무의 향기가 나는 바람 소리를 좋아한다는 그의 편지는 온유하나 처절한 절규였다. 그들의 땅을 강제로라도 뺏어 갈 저들을 향해 부탁한다. 땅은 거룩하다는 것을 기억해야 하며, 자신들이 땅에 대해 자손들에게 가르친 것처럼 그들도 자손들에게 땅의 거룩함을 가르치라는 것이다. 그 땅의 운명이 곧 자신들의 운명이었던 것도 기억해 달라는 부탁도 했다. 이다지도 시적이고 수필 같은 편지를 받고도 저들을 밀어내야만 했던 무정한 사람들의 양심은 어떠했을까. 시애틀 추장의 편지는 도벌하는 육중한 기계 소리에 절대 묻히지만은 않았으리라. 파헤쳐지는 땅과 잘리는 나무에서 쏟아진 수액은 정맥에 흐르는 피처럼 추장의 편지에 스며들어 오늘날까지 올곧고 신성한 자연의 정신으로 살아있지 않은가.

살면서 참 부러운 날이 있었다. 수도권에 사는 친구가 이제는 남쪽으로 가서 살기로 했단다. 남의 일에 더러 부러울 때도 있었지만, 열심히 살아온 삶의 정점에서 이제는 다 내려놓고 고향 근처에 가서 살겠다고 한 결심이 그렇게 부러울 수가 없었다. 어느 때까지가 내려놓을 수 있는 시점인지, 얼마만큼 내려놓아야 갈 수 있는 것인지, 아직도 앞을 보는 계획이 수두룩한데 과연 청산을 찾아 떠날 수나 있을지, 내려놓는 것과 떠나는 것에 대한 생각을 많이 한 날이었다. 땅을 가지고 있으면 초목을 가꾸고 꽃을 심겠다던 천상병 시인의 시처럼 내가 갈 수 있는 청산이 생기면 양지바른 곳에 작은 남새밭을 일구며 살고 싶다. 모진 눈보라에도 진잎 한 가닥 없이 가지런히 자라는 겨울 파를 심을 것이고, 여름 남새밭 둘레엔 저녁 박꽃이 하얗게 필 수 있게 낮은 돌담을 만들어 보리라.

부동산 거래로 갈라지고 파헤쳐진 우리나라 청산은 돌아누운 지 이미 오래이지 않을까. 승용차 바퀴가 스칠 수만 있으면 머루를 뭉개고 다래를 뭉개서 평당 가격흥정으로 소란스러운 경매시장이 된다. 요즘 세상엔 돈 가진 자가 청산을 차지해서 배를 두드린다. 청산이 돈 가진 자의 것이 되고 보니, 정작 청산에 사는 사람들은 헐값으로 거래가 끝나기 일쑤다. 그러다 보니 강 건너 불구경하듯 무심한 원주민의 씁쓸한 표정이 있는가 하면, 땅 판 돈 조금 움켜쥐고 도시로 내몰리고 있는 실정이지 않나.

거래하는 저들이 청산에서 살 사람이 아닌 것을 알기에 청산도 바람도 슬프다. 자동차 바퀴가 할퀴고 간 자식 같은 산자락을 접어야 하는 청산의 손길이 무겁다. 그들의 제의를 받아들일 수밖에 없었던 시애틀 추장의 편지가 자신의 아픔이 된다. 청산의 마음을 아는 산바람은 길고 쉰 소리로 위로하듯 청산을 에두른다. 청산에 살고 싶다던 고려인의 노랫가락은 전설이 되고 말 텐가. 이제는 그 누가 옛적의 노랫가락을 부르며 살까. 청산의 침묵을 대신하는 산비둘기 굵은 울음이 오래도록 청산에 살어리랏다고 외치는 듯하다.

거울

이젠 싼 거울을 사야겠어. 고급 거울에 내가 선연히 보이는 건 고통이야. 세월을 다 들춰서 땅따먹기 하듯 그어 놓은 주름을 셀 일은 아니거든. 지나치게 솔직해서 징그러운 친구야! 거리 두기를 신청한다. 내 눈길 받는 걸 즐기지도 마. 이 세상에서 누가 제일 예쁘냐고 묻는 짓도 안 할게. 나를 보는 이들이 불쾌하지 않을 만큼만 보여줘.

스마트폰 거울 앱은 자꾸만 업그레이드를 요구해. 더 선명하게 해주겠다고 실시간으로 아부를 하지. 업그레이드를 하다가 아예 삭제해 버렸어. 점점 더 선명한 거울이 나를 놀리는 듯했거든. 헤어숍의 거울들은 나를 빨가벗겨 버려. 듬성한 머리카락 골골을 파내기를 즐겨해. 그 모습이 나라고 뼛속까지 디스하지. 고급 거울을 다 깨뜨려버려야 할까. 깨뜨려버린대도 구리거울이 되지는 않지.

거울이 대접받는 시기는 있어. 사춘기 입성의 징조는 거울을 보는 일이야. 점점 집착하지. 거울로 하루를 열고 거울로 하루를 닫지. 거울을 거치지 않는 일은 형벌이야. 거울을 보지 않고 어디를 가고 누구를 만나. 있을 수 없는 일이지. 긴 생머리에 똑같은 화장을 하고 빨강 립스틱을 바르는 여중생들의 껌딱지. 빗방울도 그들을 비춰줘야 해. 우주는 온통 그들의 거울이어야 해.

전철 속 여성이 손거울 속으로 파고들어. 눈동자를 키우며 솜털의 굵기를 재고 있어. 마스카라에 걸리는 속눈썹의 길이를 최대한 길게 뽑는다. 앞자리에 앉은 관객들은 화장 전후를 보는 재미에 푹 빠지지. 오 마이 갓! 이때 거울이 할 일은 대칭을 봐 주는 일. 능숙한 손놀림에 빠르게 반응해야 해. 마지막 점검에는 만족을 얹는 재치도 있어야지. 내릴 지점에 정확히 맞출 줄도 알아. 거울은 실시간으로 수고로워.

파킨슨병을 앓는 어느 부인의 식탁엔 항상 거울이 있다지. 밥 한술 뜨고 거울 한번 보고. 감각 없는 입술에 묻은 이물질을 닦는다고. 내게도 그런 거울이 필요해. 함께 있던 상대가 다른 눈빛과 제스처를 보내는 때가 있어. 어딘가에 이물질이 묻었다는 얘기야. 이런 민망스런 사태를 눈치 채지 못하면 기어이 지적을 당하고 말지. 감각도 60대를 치닫는 중이다. 계란만 한 싼 거울을 샀어. 밥 한술 뜨고 거울 한번 보려고. 펼치니 한쪽은 확대경이야. 싼 거울을 사려다가 날계란 세례를 맞은 듯했지. 한쪽 거울에만 눈길을 주었어. 이물질 제거용으로만 사용하리라고. 확대경이 다그칠 때쯤엔 아예 버려야 할지도 몰라.

병상에 계신 어머니가 모자를 쓰고 거울을 보셨지. 자신의 모습이 더럽다며 애먼 거울을 던졌어. 멋스러운 모자도 함께 병들어 보였던가 봐. 돌아가실 때까지 버린 거울을 다시 찾진 않았어. 거울을 볼 만큼의 여유도 없긴 했지. 의식을 잃은 채 코를 고셨어. 욕창의 고통도 의식을 깨우진 못하더니 어느 순간 실낱같이 한쪽 눈을 떴어. 힘겹게 뜬 눈에 나를 들이댔지. '엄마 딸이어서 행복하다고. 엄마를 사랑한다고. 다 잘 살 테니 염려 마시라고. 내 모습이 구리거울 같았어도 보셨기를 바라. 자식 중 하나라고 여겼기를 바라.

빛이 좋은 데서 다시 들여다봤지. 눈동자가 나를 차분히 응시해. 미처 보지 못했던 노란색 봄이 보여. 눌린 봄을 깨우는 중인 것 같아. 이젠 거울에 면책을 주겠어. 불쾌감 따위로 헐값 취급하지 않겠다고. 표면에 드러난 주름 따위로 투덜거렸던 순간이 부끄러워. 정작 부끄러운 때는 내 눈동자가 흔들릴 때였다는군. 부러움으로, 분노로 흔들릴 때 거울 속의 나를 보았느냐는 거지. 흔들림을 잠재울 사랑의 씨알 한 톨 뿌려 봤느냐네. 눈동자를 둘러싼 주름이 머쓱하게 웃어. 주름이 웃으니 눈동자도 떠밀리듯 웃는다.

주름이 웃어야 눈이 웃는 겨. 주름이 굳어지면 눈도 굳는 겨. 주름은 눈동자를 끌고 마음 밭을 갈아. 굳었던 밭이랑이 헤실헤실 거려. 사랑이야. 주름지지 않는 사랑. 우슬초로 씻긴 사랑. 그 사랑이 거울을 깨고 나와 주름위를 걷는다. 고통스럽지 않을 만큼 나이를 먹으며.

2 꽃밤의 멘쿵

우산에 떨어지는 빗소리는 살 부러진 비닐우산에서 듣던 음률과 비슷합니다. 우산을 위로 튕겨 보았습니다. 음표가 튕겨서 오선지가 난삽해지는 것 같아요. 비닐우산을 튕겼을 때의 음표들만큼 사뿐히 내려앉지는 못하는군요. 비닐우산으로 빗물을 튕기며 〈얼굴〉 〈등대지기〉를 부르던 추억이 떠올라 콧노래를 흥얼거렸습니다. 지금껏 남편과 같이 있었다면 이토록 쉬이 감정이 풀어지지 않았겠지요.

까치울역입니다

지하철 7호선을 탔습니다. 딱히 갈 데는 없었지요. 향방을 잡지 않았으니 서두를 일도 아니었습니다. 불각시리 까치울역에서 내렸습니다. 안내원 목소리가 꼭이 까치처럼 들리더군요. 까치울이라는 역명도 마음 자락을 붙잡았지요. 까치가 울어 주길 기대했을까요. 까치가 울어 줄 날이 오늘이길 바랐을까요. 목적 없이 나선 길이니 기대마저도 안하면 좋으련만 기대가 물안개처럼 차오릅니다. 무소유에 길들여지지 않은 탓인가 봅니다. 멍 때리기 정도이길 바랐는데 말이죠.

하늘은 물기 톡톡 털어낸 까치처럼 맵시가 있군요. 하늘 아래 눈이 가는 곳마다 연초록이 싱그럽습니다. 비상하는 까치 같이 날렵한 바람도 스치네요. 혼자여서 까치울 하늘을 볼 수 있었을까요. 혼자여서 길한 손님 같은 바람도 만날 수 있었을까요. 아무 골목이나 들어섰습니다. 머지않은 과거엔 시골이었던 마을이 전원주택으로 꾸며져서 품위가 있어 보입니다. 공원은 주택의 앞마당인 양 초록 숲이 짙습니다. 드문드문 들리는 자동차 소리를 밀어내니 새들의 재잘거림이 숲속에 온 듯합니다.

장미 넝쿨 넌출 대는 골목을 걸었습니다. 고즈넉해서 꽃잎이라도 떨어뜨릴까봐 걸음이 조신해졌습니다. 운동화를 신을 걸 그랬다 싶군요. 사람이 없는 대신 어디에선가 내 발자국을 세는 카메라가 돌고 있는지도 모를 일이지요. 동네를 훔쳐보는 좀도둑치고 지나치게 미소를 짓고 다닌 것 같기도 합니다. 다른 골목을 들어서려는데 〈구경하는 골목〉이라고 씌어 있네요. 발소리 죽이지 않아도 될 일이었지요. 사람은 아니고 골목만 외지인들을 맞으라고 내어 놓았을까요. 지나가는 길손에게 물 한 바가지 건네 줄 우물 같은 사람은 안보입니다. 도심에서 이 정도의 내어줌에도 감사할 일이기는 하네요. 내심 사람이 그리웠던 것 같습니다. 까치울에 대한 기대치가 사람이었을까요. 혼자여서 까치울 골목과 친할 수 있었다고 말할 일은 아닌 것 같습니다. 외로움을 즐기려 했다면 그것도 오만이지 싶습니다.

비 오는 날에도 7호선을 탔습니다. 낮에 남편과 좀 안 좋았습니다. 같은 장소에서 일하는 부부들이 느끼는 날선 감정이었어요. 안내원의 목소리는 여전히 까치 같은 하이 음입니다. 목적지인 양 까치울역에서 내렸습니다. 비 오는 날의 까치울은 소 콧김 섞인 흙냄새를 뿌려댑니다. 엄마의 남새밭 냄새 같기도 하고 보리 패는 냄새 같기도 합니다. 언짢았던 마음이 까치울 흙냄새에 희석이 되는 듯

합니다.

우산에 떨어지는 빗소리는 살 부러진 비닐우산에서 듣던 음률과 비슷합니다. 우산을 위로 튕겨 보았습니다. 음표가 튕겨져서 오선지가 난삽해지는 것 같아요. 비닐우산을 튕겼을 때의 음표들만큼 사푼히 내려앉지는 못하는군요. 비닐우산으로 빗물을 튕기며 〈얼굴〉 〈등대지기〉를 부르던 추억이 떠올라 콧노래를 흥얼거렸습니다. 지금껏 남편과 같이 있었다면 이토록 쉬이 감정이 풀어지지 않았겠지요.

젖은 발도 닦을 겸 찻집으로 갔습니다. 지인들과 가끔 들르는 〈올라〉라는 찻집입니다. 〈올라〉가 스페인으로 '안녕'이라고 하네요. 찻집 여사님을 뵈면 마음이 차분해 집니다. 기타 치며 노래하는 모습은 살포시 내리는 가랑비 같거든요. 오늘 같은 날 가랑비 같은 노래 한 곡 듣고 싶기도 합니다. 낮인데도 무리 지어 차를 마십니다. 비 오는 날의 원두커피 한잔은 없는 듯 마주 앉은 친구 같습니다. 책꽂이에 꽂힌 지인의 소설집을 뒤적이다가 남편에게 문자를 했어요. 내가 먼저 손 내밀기였죠. 이미 내 영혼은 쉴만한 물가에 있었거든요. 바로 답이 왔습니다. '밥 시킨다.' 찻잔이 비어서 일어섰다면 웃으시겠지요.

소풍가기 좋은 날 까치울역으로 가족 나들이 어떠세요. 들녘 같은 무릉도원이 큰 품으로 맞아 줄 겁니다. 꽃길 사이로 종종 거리는 아이들의 모습에도 반할 테고요. 이 순간이 행복이라고 환호성을 올리며 찜하실 듯해요. 하루가 꽃숲에서 유영하느라 도끼자루 썩는 줄 모르게 갈 것입니다. 실내 식물원엔 코너마다 어르신들의 해박한 해설이 또 한몫을 합니다. 눈으로 훑고 지나치는 구경과는 차원이 다르지요. 시니어 일자리 창출이 아주 훌륭해 보였습니다.

까치울역이 머시다고요. 어디에 계시든 목적 없이 길을 한번 나서보시지요. 가다보면 비닐우산에 음표 튕기며 흥얼거릴 수 있는 샛길을 만날 겁니다. 그곳이 까치울역이고 무릉도원이지 않을까요.

까치울역은 부천 도심에서 서울 도심을 잇는 오작교 같은 역입니다. 까치가 실제로 있느냐고 물으시렵니까. 저는 보지 못했습니다만 길한 손님 대접은 받고 오곤 합니다. 행복한 날, 궂은 날, 우울한 날에도 까치울역 문은 열릴 겁니다. 모시처럼 올올이 결 고은 까치울 햇살에 온몸을 맡겨 보시지요. 도심에서 스멀거리던 고충들이 쌀벌레들처럼 빠져 나갈 겁니다. 눅눅했던 삶의 헌 옷들도 뽀송뽀송 마를 테고요. 헌데엔 새살이 돋아 팔랑대는 까치같이 날 수 있을 겁니다. 까치울 바람을 실어 다시 돛을 올리시지요. 어느 쪽으로 가든 길한 손님 대접을 받을 겁니다.

지금도 바쁘신지요.

두 도시가 생기를 다 뺏어가 버리기 전에 까치울역에서 돛을 손질해 보시지 않으시렵니까.

It's a Kkachiul station

Translated by prof. Kweon, Dae-geun

Written by Choe, Sun-deok

I took the 7th subway train. There was nowhere to go to me strictly. Not taking my bearings, it was not to hurry on my way to me. Inconceivably I put down at Kkachiul Station. I heard guide's voices at the information desk just like a magpie chattering called. The name of calling the above caught my mind. Would it take an interest in chattering magpie? Or I would feel inclined to come back for the day to chatter magpie? It would be nice if I must not set my hopes on such expectations to the destination of mine without the end of my journey to start off, but my hopes begin to fill themselves like rainy fog. It would be caused by not being accustomed to a desire to possess. In truth, I hope so it would beat me black and blue all over.

The sky is neatly balanced like a magpie to be parched.

Everywhere to attract public gaze under the sky all is covered with rich green. Like a magpie flying swift wind passes by, was I alone apt to look upon the sky so that magpie chattered? Was I alone apt to confront the wind like a guest with pleasure? I got round the corner anywhere. In the near past a local country style rural village changes the places with pastoral house decorated to be refined. The park has the thicket green as a front door of house. Birds' twittering leads me just like coming to the forest by shoving off the honks of horn heard once in a while from the cars.

I walked along the alley with slipping branches of rosebush. Worrying that petals may be fallen owing to stillness my manner of walking kept watch over my own conduct. Methinks, I would rather good take on sporting shoes. Instead of an uninhabited region, somewhere I don't know how camera to count my footsteps might turn its lens. On the one hand, why don't they let me know earlier a sneak thief to steal a glance at the village, having smiles so much to go around there? While I'll enter the other alley, there's written an alley worthy of seeing. It was a thing not to worry about sounding footsteps. Would not a person but alley path be permitted to open for welcoming foreign people? Such a person as giving a scoop-water with a gourd for a passer by can't find anywhere. It was enough thing to express one's thanks for his help in the urban life. It looks like a hankering after the person inwardly. Was magpie-chattering to come up to one's expectation as to the image of an ideal human being? Never it depends upon convival meeting of the alley with magpie-chattering owing to being alone. What I enjoyed loneliness should have been thought truly a pride.

In spite of rainy day I took on the 7th subway train. A little I've bad terms with my husband in day time. T'was an emotion sharpened to exchange themselves between the couples working at the same spot of business. All the time guide's voices at the information desk bore resemblance to magpie's high tone. I put down at Kkachiul Station as my destination. On rainy day such a station to chatter a magpie has an earthy smell mixed with the one of muffles. It assumedly takes after Mom's smell from her vegetables or smell of barley's earing season. Unpleasant mood seems to dilute with earthy smell from the magpie chatterings.

Rainy dropping sounds from umbrella resemble almost ones from the broken vinyl umbrella's shaft. I try to pluck the vinyl umbrella upwards in the air. It looks like a music paper scattered to be plucked out from musical notes. So much occasion as musical notations cast, when plucking vinyl umbrella, they can't come down softly. While playing with one's fingers for splashing of vinyl umbrella, I sang to myself to croon in memory of singing songs just like 'Face' and 'Keeper of lighthouse'. If accompanying with my husban, I easily couldn't be free from sentiment like this.

I went to tea-room to cleanse my wet foot. Olla is the name of that coffee house where I often came with friends of mine. The meaning of the word 'Olla' was used to Spanish compliments--how have you been? When seeing landlady of tea room, I feel comfortable. Playing guitar and figure to sing a song look like a soft drizzle. Like today I want to hear a soft song like light rain. Even in day time, I've a tea to form a party. A cup of coffee on rainy day becomes a friend to sit facing each other in concert with. Turning over the leaves of a book of friend's I gave an e-mail to my husband. In advance I extend my warm helping hands to him. Already my soul remained to take a rest beside the water. Then his answer comes abruptly. Let me order eatables by now. You would laugh if I stand as soon as a cup of tea was vacant.

How about flirtation with family toward Kkachiul Station this fine day for picnic? The happy valley like an open field will salute you to open out your arms. Figures of children to go around between flowering path would be enamoured. This moment of happiness with vociferous cheers seems to greet you. A day will be on the wane to swim among the flowering forest, as if not knowing that an ax haft will be rotten. In every corner of glass house for plants profound explanation of adults discharges also one's duty. Taking a cursory view of things belong to a different level. To keep a job for seniors looks like a nice thing.

Is it a long way to Kkachiul Station? Whereever you stay, you would rather follow the path without a destination. Once that you wait for, you'll take a passage for murmuring at musical notes over the vinyl umbrella. Isn't that a Kkachiul Station and also an arcadia?

Kkachiul Station is a linking bridge to connect from Bucheon downtown to Seoul urban center like Ojak-kyo. In point of fact, do you ask about such a bird's presence? I didn't see the bird, but it's certain that they've been received hospitality as a fortunate guest. Though it's happy day or unfortunate, gloomy one, the door of subway station of such bird's will be opened. Let's entrust ourselves with sunshines of this bird's like ramie fabric of fine silky texture. You'll have gone too far being creepy-crawly like rice-worms from urban mental sufferings. Old wet clothes of life will get dry out to be soft and moistureless. Wounds granulate in healing to fly flutteringly like a magpie. Let's set a sail again with all sails set out before a fair wind of the magpie. You'll be welcomed as a fortunate guest, though you select any way.

Are you busy now?

Don't you try to repair your sailing mast, before two cities deprive vitality at Kkachiul Station?

갈망채

지축을 뒤흔드는 타악기 소리가 순식간에 친숙함으로 다가온다. 어우러진 울림은 무한하게 해체되어 객석의 숨소리를 가쁘게 몰아간다. 쏟아내는 추임새는 젊은 청춘을 불사르며 민족의 정신으로 곧추세운다. 저들의 정열은 서서히 공중부양을 하고 내 오감의 세포들은 박자를 따라 흔들리니 드러나는 동작을 감출 수가 없다. 혼자 찾은 공연장이지만 〈김덕수 사물놀이〉에 빠져드는 나는 혼자가 아니다. 우리의 가락에 동요하는 관객들이 마음 맞는 동료이고 친구들이다. 감성의 최대치를 연기하는 출연자인 양 저들의 전율에 휘말려 간다. 카타르시스다.

어릴 적 동네에 약 팔러 오던 사당패들의 공연은 화려한 무대와 분장으로 사람들의 넋을 나가게 했다. 밤마다 스토리가 달랐다. 구경하는 사람들은 심청전이면 효녀 심청이가 되어서 울었고, 춘향전이면 열녀 춘향이가 되어서 혀를 차며 약을 샀다. 수군거리는 어른들의 말에 의하면, 저들은 떠돌이라 우리보다 더 가난해서 슬픈 사람들이란다. 저들의 속사정을 알 리가 없는데도 비 오는 날이면 자갈밭에 처진 젖은 국방색 천막이 어린 나를 슬프게 했다. 저들의 목쉰 노랫가락에 울음을 묻혀 뿌리는 듯했다. 지금 이 순간 관객을 휘몰아가는 저들은 국악을 전공한 20대의 건장한 젊은이들이다. 앳된 얼굴에 어깨춤으로 흥을 돋우는 모습이 신선하고 사려 깊어 보인다. 약을 팔러 이 동네 저 동네로 천막을 옮겨 가며 공연을 하던 가난하고 초라한 사당패의 모습이 아니다. 우리 가락을 온몸으로 느끼며 소름 돋는 울림을 예술로 승화시켜, 민족의 음악을 세계에 알리는 자랑스러운 문화 전령사들이다.

젊은 상쇄 꾼의 꽹과리 잡은 손의 리듬을 따라가 본다. 꽹과리를 잡은 손은 내가 찾던 갈망의 손짓이 아니다. 아버지의 거친 손은 꽹과리 안에서 무한히 자유로웠다. 손의 리듬은 잔잔한 미소와 꾹 다문 입술을 대신해 굴곡 많은 인생의 편린을 음률로 풀어내던 춤사위였다. 아버지의 삶은 어느 것 하나 예술이지 않은 것이 없었다. 마당을 쓰는 모습도 먹을 가는 모습도 그러했다. 송음의 호만큼이나 청아한 목소리로 시조를 읊으시던 아버지셨다. 일제징용에서 광복을 맞아 풀려나기는 했으나 신식 공부깨나 한 사람이 살던 우리 동네는 공산주의 이론에 휘말려 들었다. 공산주의에 동조했던 사람들에게 체포령이 내려지고 아버지를 향한 총구는 죽음의 문턱을 수없이 넘나들게 했다. 마산 형무소에서 갖은 고초를 당한 탓에 평생 약골로 사셨지만, 선비다운 풍모와 선한 인품은 저들의 몽둥이로도 주저앉힐 수 없었다.

감시의 대상인 어머니가 딸아이를 업고 날마다 경찰서에 불러다니며 문초를 당하는 동안, 숨어 사는 아버지의 생명을 이어갈 수 있게 하신 분은 큰어머니시다. 밤마다 어둠을 뚫고 뒷산 밭 기슭에 파놓은 서너 개의 구덩이에 숨어있는 아버지를 위해 가슴을 졸이며 밥 광주리를 이고 나르셨다 한다. 그때 큰어머니께 진 빚은 아버지의 평생 빚이 되었다.

어머니를 따라 오일장에 가는 날이면 '니 아부지 덕에 내가 살아났니라'며 과자를 사주시던 할아버지가 계셨다. 그때는 잘 몰랐지만, 지주이던 그분이 감옥살이할 때 아버지가 간수 몰래 먹을 것을 갖다 준 덕에 연명할 수 있었다고. 그래선지 아버지 성함은 오래도록 면 단위 어른들께 덕스런 사람으로 회자되곤 했다. 우리가 자랐을 때는 돋우어진 구덩이마다 부추가 심겨 있었다. 그 남새밭을 가꾸는 아버지의 심정은 어떠했을까. 아버지는 시대의 변화에 휘말리며 당신의 꿈을 제대로 펴보지도 못하고 쇠하고 말았다.

젊은 놀이꾼이 두들기는 장구채의 현란함과 잡티 없는 울림에 빠져든다. 앉아서 연주하는 저들 속으로 장구를 맨 큰어머니의 움직임이 겹쳐진다. 한복 치맛자락을 끌어올려 비스듬한 장구에 각을 이루고, 소맷자락 오르내리는 가는 장구채로 밤이 두려웠던 지난날을 두드리며 이제야 살아난 듯 사푼사푼 돌아간다. 어린 우리는 재미로 흥겨웠지만 풀어놓는 애환은 그것으로 보상이 되었을

리가 없다. 그 틈에 숨죽인 어머니의 인고와 서러운 눈물은 또 어이했으랴.

그럼에도 불구하고 아버지의 귀천은 멋졌다. 병원에서 목사인 아들의 인도를 받으며 이 땅에서의 모든 미련을 접고, 이제는 준비가 되었으니 집에 가자시고는 고향 집에서 평안한 모습으로 소천하셨다. 남은 우리는 어머니의 숨죽인 인고의 눈물도 큰어머니의 두려운 애환도 녹일 수 있는 처소를 위해 기도를 쌓는다.

삶의 고통을 알 리 없는 사물놀이 청년들의 열정은 공연장을 환호로 불사른다. 저들이 쏟아내는 열정 사이로 내 눈은 이미 젖어버렸다. 눈물을 훔치며 인생이 밝은 저들에게 큰 박수를 오랫동안 보냈다. 관객을 끌어들인 무대에선 덩더꿍 장단으로 어우러져 피날레를 장식한다. 얼른 일어서지지 않았다. 정갈한 한복의 밀풀 내음을 풍기며 꽹과리를 잡은 아버지의 손짓이 보고 싶어서다. 등을 떠미는 듯한 아버지의 배웅은 드러내지 않던 사랑을 배태케 한다. 나는 이제 이 땅에서 풀어내지 못한 아버지의 인생에 서투른 펜으로 갈망채를 엮어 드려야 할 것 같다.

소치는 아이

상처 입지 않은 이슬이 따고 싶었다. 첫 햇살이 연출한 이슬꽃밭이 아침 정적에서 송알거린다. 햇살 유희의 결정체에 검지를 갖다 대며 가능치도 않은 소유욕에 기대를 걸어본다. 이슬이 깨어지며 뭉툭한 검지에 발그레한 고통만을 쏟는다. 딸 수도 없는 이슬방울을 터뜨려서 햇살의 첫 무대를 엉망으로 만들었지만, 이슬도 나도 개의치 않는다. 내일의 아침 햇살은 눈 한번 찔끔해서 무수한 이슬방울을 빛나게 할 게 아닌가. 인간의 수고에 비하면 잔인하리만치 쉬워 보인다. 아침이슬의 절묘한 향연에 환호하며 들녘으로 들어섰다. 나를 압박하는 온갖 매듭들을 잠깐의 휴식에라도 풀어 볼 참이다.

노인대학 강습회가 〈도고〉에서 있었다. 들판에 자리 잡은 숙소여서 아침 산책을 나섰다. 들길을 걸어본 지가 얼마 만인가. 들뜬 발걸음은 수채화를 그리는 붓이 되어 물감을 풀었다. 〈도고〉의 너른 들녘은 진초록의 융단을 깔아 놓은 듯 선명하다. 벼 포기는 튼실하여 풍년을 장담한다. 트럭 한 대가 물꼬마다 멈춰 서며 벼들의 성장을 점검한다. 농부의 모습이 느껴지지 않아서인지 발달한 농사의 정경이 낯설기도 하다. 햇살이 두께를 더하면 벼 포기는 더욱 실하고 이삭이 여물어지며 농부를 흐뭇하게 하겠지. 여름 바람이 햇살을 흩뜨리며 농부의 일손을 돕는다.

진초록 벼 포기 앞에 멈춰 섰다. 어릴 적 소 먹이러 다닐 때의 한 장면이 떠오른다. 소가 이삭이 팬 벼 포기를 숭덩 잘라먹는 영상이다. 내가 한눈판 사이에 벼 포기를 날름 베어 먹어버렸다. 소의 눈에는 얼마나 먹음직스러웠을까. 하필 논을 둘러보던 주인아저씨에게 들키고 말았다. 하마터면 소도 나도 아저씨의 바지작대기에 뼈도 못 추릴 뻔하지 않았던가. 호통만으로 순간은 모면했지만, 길섶을 지나칠 때마다 어른들의 혀 차는 소리는 나를 질책하는 듯했고, 키 차이 나는 벼 포기는 수확이 끝날 때까지 나를 애타게 했다.

초등학교 시절, 아침마다 졸리는 눈을 비비며 소를 몰고 산을 올랐다. 도시 애들 같으면 학교 가는 일이 분주했을 테지만, 첫새벽 소 먹이러 가야 하는 일이 하루 일의 시작이고 또 일상이었다. 파리한 차림새로 소를 몰고 산을 올라야 했던 아침은 늘 힘겨웠다. 소 먹이러 가는 날 아침이슬의 찬기는 또 얼마나 익숙했던가. 온기 있는 다리가 받아들여야 했던 찬이슬은 진저리를 치게 했다. 이슬과 함께 억센 풀잎이 스치는 곳마다 어찌 그리도 따갑고 가렵던지. 오늘 같은 날 온기 있는 다리에 찬이슬쯤은 느껴봄직도 하겠지만,

억센 풀잎에 살이 베이는 듯한 쓸림은 상상만으로도 쓰라리다. '동창이 밝았느냐 노고지리 우지진다 소치는 아이는 상기 아니 일렀느냐 제 너머 사래 긴 밭을 언제 갈려 하나니'라고 했던 시조는 왜 그다지도 외우고 다녔을까. 동창이 밝는 것이 그 아이에게도 나에게도 고통이었던 것 같다. 지금도 아침잠이 많아서 힘겨운데 그 당시엔들 오죽했겠나. 소치는 아이도 나만큼이나 아침잠 깨기가 싫었음을 이해한다는 뜻이었으리라.

혼자 들길이나 야산에서 소를 먹일 때도 있었다. 그럴 때마다 아찔한 순간이 많았다. 혼자 드라마를 엮어서 어제 못다 한 영상을 진행하느라 소를 자주 잃어버렸다. 내게서 자유로운 소는 일을 곧잘 저질렀다. 그 날도 어제 만난 나무들에 인사를 하고 가위바위보로 주인공을 정해서 혼자 놀이에 빠져들었다. 어느 순간 앙칼진 목소리와 함께 우리 소가 머쓱한 표정으로 내 앞에 나타났다. 비 온 덕에 겨우 줄기가 뻗어 나가는 고구마를 우리 소가 오롯이 뽑아 먹어버렸단다. 야단을 치던 아주머니는 소를 제대로 돌보지 않은 벌이라며 대뜸 내 웃옷을 벗기는 게 아닌가. 내 옷이 겨드랑이까지 올라온 순간 폭풍같이 울어댔다. 내 반응에 당황한 아주머니가 도리어 수습을 해야 했다. 옷이 벗겨지는 치욕은 내 드라마엔 있을 수 없었다. 옷이 벗겨질 뻔한 치욕스런 사건에 분을 푸느라 소 엉덩이를 마구 때렸다. 소는 엉덩짝에 가해지는 통증쯤이야 고구마 줄기의 단맛에 비하면 감질난다는 듯이 콧김을 풍기며 돌아섰다.

누가 소에게 사람의 먹을거리와 소의 먹을거리를 구분 지어주기나 했었나. 나만의 드라마에 소를 등장시키지 않았으니 소가 알 바도 아니었지 뭔가.

어릴 적 풀잎에 맺힌 이슬은 차갑기만 한 고통이었는데, 오늘 아침의 이슬방울에 감탄을 금치 못하는 건 아름다움이 뭔지를 이제야 알아서일까. 농부의 모습이 눈 설어 보이는 것은 적삼에 밴 땀 냄새를 맡지 못한 허전함인가. 튼실한 벼 포기로 인해 소와의 신경전이 떠오른 것은 고통만이 남은 게 아니었던 걸까. 그립게 기억되는 것들이 있기에 인생을 아름답다 하는가. 기억의 샘에 사는 추억은 분명 변덕쟁이일 것 같다. 지난날의 고통을 그대로 두는 추억은 유죄라 해야 하리. 추억은 계산이 가능치 않고 고통마저 그리울 때만이 제맛을 내는가 보다. 변덕쟁이라서 향수를 만들 줄 아는 추억은 최상품 추억쯤 되지 않을까. 산다는 건 그리움이 산적해 가는 보고이기에 자꾸만 뒤를 돌아보게 되는가 보다.

농작물을 헤집던 대부분의 소는 이제 자유를 잃고 쇠파이프 마구간에 갇혀서 산다. 벼 포기를 숭덩 베어 물던 일도, 고구마 줄기를 송두리째 뽑아먹던 일도 오랜 전설이 되었으리라. 소가 이재로 보이지 않는 날이 온다면 속눈썹이 가늘어서 순한 소를 따라 산등성이를 넘으며 소치는 아이는 상기 아니 일렀느냐고 노래하고 싶다. 그런 날 아침이면 햇살이 이슬을 만드는 순간을 보는 눈과 벼 이삭이 패는 소리를 들을 수 있는 귀가 열릴지도 모르겠다.

햇살이 눈 한번 부릅뜨면 이슬 없애는 것쯤은 하찮은 것일까. 날아오를 것 같았던 이슬방울들의 향연도 사라졌다. 여름만이 감당할 수 있는 들녘은 햇볕으로 충만하다. 땀방울이 등짝을 흘러내린다. 그리움이 뿜어내는 열기인가. 이슬 밭을 마음껏 헤집으며 풀을 뜯던 소의 입김이 훅하니 등짝에 와 닿는 듯하다.

개구리 Bar

"어머니! 아침에 옥수수밥 했어요. 애호박도 볶아놨고요."

주일 아침이었습니다. 남편 먼저 아침상을 차려주고 어머니를 모시러 갔습니다. 차로 5분 거리거든요. 오늘 바쁜 스케줄에 시간 단축을 할 요량이었습니다. 어제는 우리만 닭죽을 끓여 먹어서 죄송한 마음도 희석할 겸 해서였지요. 같이 밥을 먹으면서 암담한 피난시절과 시집살이 사연을 듣는 여유를 부렸습니다. 시어머니께 사랑받지 못했다고 당신이 며느리를 보면 절대로 잔소리 안 하겠다고 결심하셨다면서 "근데 모르지 뭐" 하십니다. "안 그러셨어요." 저도 며느리를 본 시어미니 참말로 모를 일이지요.

교회 갈 준비를 하고 있는데 제가 챙겨놓은 봉지를 들고 집에 가신다는 겁니다. 이미 전화로 오늘 스케줄을 말씀드렸는데 그새 잊으신 거였어요. 지난주처럼 예배시간에 맞춰 슬슬 걸어오시겠다는 겁니다. 올해 들어 걸어오신 적이 없거든요. 대충 머리에 물기만 닦고 모셔다드리면서 또 시간 약속을 했습니다. 정신없이 서둘렀지요. 어머니의 본모습은 아니니까 짜증 낼 일도 아니었어요. 설사 그렇다고 해도 이제는 괜찮습니다. '이제는'이란 단어를 쓰게 되기까지는 오랜 세월이 걸렸습니다. 고부간이니까요. 도리어 친정어머니셨다면 투정을 부렸지 싶어요. 같이 살지 않아서 '이제는'이란 단어를 쓸 수 있는지도 모르겠습니다. 전들 뭐 별수 있겠습니까. 죄에 휘둘린 적이 한두 번이 아니었으니까요 저는 그런 순간을 개구리 Bar 사건이라 부릅니다.

시부모님과는 종교 갈등을 넘어서기 위해 앞뒤 계산하지 않고 오직 사랑으로 섬기려 했습니다. 내 딴에는 최선을 다한다고 했으나 남편은 부모님 일이라면 곧잘 합리성을 잃었습니다. 오십을 양보하면 오십을 밀고 들어왔지요. 그럴 때마다 내 거칠어진 속은 갈무리를 하느라 진이 빠졌습니다. 남편은 부모님께 더 잘해드리지 못해서 불효라고 여기고, 나는 계산하지 않는 사랑을 하느라 애를 썼습니다. 마음보다 행동이 앞설 때 사랑이 나온다는 사실도 터득했지요. 그럼에도 불구하고 이제 이만하면 됐다고, 여기까지가 내 사랑의 한계라며 Bar를 놓아버린 적이 있습니다, 내가 놓은 Bar에 합의를 본 가족들은 어깨가 처졌습니다. 나 역시도 음지 세력들의 집단에 밀리고 있었지요.

우울함이 해무처럼 나를 둘렀습니다. 어느 순간에 에워쌌는지 마음 중심축을 흔들어대는 음지들이 자석처럼 동지들을 끌어들였더군요. 불만과 미움과 지쳐서 오는 낙심의 음지들이었습니다. 불만은 과거 잊힌 줄 알았던 사건들까지 끄집어 올리며 화를 만들었습니다. 고개를 쳐들고 내가 놓은 Bar를 정당화시켰습니다. 남겨진 것은 고통뿐이었지만 빠져나오고 싶지가 않았습니다. 겉으로는 몇 마디 안 했어도 속은 속사포처럼 쏟아내고 싶은 말들로 전쟁 통이었습니다. 그런 순간마저 가장의 힘든 마음을 생각하는 내가 답답하고 한심해서 더 화가 났어요. 속내를 내지르는 성격도 못되지만, 부부 싸움 후에 갖게 되는 거리감은 더한 고통이어서 그러지도 못했습니다. 내지르고 돌아서서 아무 일도 없었던 듯 밥도 잘 먹는 부부들의 뒤끝이 부럽기도 했습니다.

그 시기에 개구리가 뱀에게 곧잘 잡아먹히는 이유를 알았습니다. 상식적으로 가능할 것 같지 않지만 빠르게 멀리 뛸 줄 아는 개구리는 기는 뱀에게 잡아먹힙니다. 뱀은 개구리를 잡아먹기 위해 전력으로 기어보지만, 순식간에 한 자 가량을 뛰어 버리는 개구리에게 도무지 미치지를 못해요. 개구리의 허점을 아는 뱀의 행동은 집요합니다. 개구리는 한두 번 폴짝 뛰고는 멀찌감치 떨어진 뱀을 돌아보며 이만하면 됐다고 방심을 합니다. 개구리의 습성을 잘 아는 뱀은 기척 없이 다가가서 손쉽게 개구리를 잡아먹는 거죠. 개구리의 뜀박질은 위험을 충분히 멀리할 수 있는데도 게을러서 재앙을 부른 경우입니다. 개구리와 뱀의 거리는 내가 가족들에게 Bar를 놓은 지점과 흡사합니다. 이만하면 됐다고 여긴 내 사랑은 소리 없이 다가선 뱀 같은 음지들에 잡아먹히기 좋은 지점이었어요. Bar가 놓인 자리는 나 자신의 약속을 저버린 지점이 되었고요.

그럴싸하게 포장된 사단의 횡포에 속절없이 당하고 만 꼴이었습니다. 심령이 상하면서부터 낙심이 찾아들고 그와 더불어 우울함이 내 속을 채웠으니까요. 무릎을 꿇었습니다. 사람의 심령은 그 병을 능히 이기려니와 심령이 상하면 그것을 누가 일으키겠느냐는 말씀을 상기하며 통회했습니다. 땅에서 풀면 하늘에서도 풀린다는 진리를 붙들며 땅에서 풀 일을 시작했지요. 시어머님께 전화를 드렸습니다. 시어머님과 직접적인 의견 충돌 같은 건 없었지만, 상황은 서로 아는 처지라 서먹함을 넘어서려 애썼습니다. 목소리에 힘이 없으셨어요. 죄송한 마음에 내 말투가 예전으로 돌아가고 대화가 순조로웠습니다. 너덜너덜해진 내 심령이 치유되듯 가족들의 심령도 치유되기를 갈망했습니다.

저는 때때로 성정이 얕은 개구리 같습니다. 나름으로 계산하지 않는 사랑이라 여기지만 데이터는 마이너스 된 집계만 들이대니 개구리와 뱀의 계산법처럼 변명의 여지가 없습니다. 내 잣대로 개구리 Bar를 걸쳐놓고 금 그어 대서는 안 되는 것이 사랑인 것을, 저항할 수 없는 은혜에 자복하는 것 그것이 은총인 것을, 갑잖게도 제 의에 빠져서 물의를 일으키기도 합니다.

오늘 아침의 스케줄 차질은 은혜로 잘 해결이 되었습니다. 얼마나 감사한지요. 시어머님이 나름의 종교관으로 완고하셨는데 몇 년 전부터 교회 출석에 성실하십니다. 믿음은 하나님이 책임져 주시겠지요. '이제는'이란 단어에도 방심하지 않으렵니다. 언제 또 개구리 같이 폴짝대다 멈출지 모르니까요.

오늘도 개구리 Bar의 행패에 휘둘릴세라 십자가 밑에 엎드립니다.

나비 육교

나비 등을 걸었다. 옛 성터 같은 허름한 계단을 오르니 걸리버 여행기에서나 봄 직한 큰 나비가 날개를 펼쳤다. 육교가 나비를 닮아 나비 육교란다. 어느 틈에 내가 소인국 사람이 되었는지 나비 등을 아무리 걸어도 꿈틀도 하지 않는다. 또각거리며 걷는 구두 소리만 요란하다. 사람들은 큰 나비를 감상하며 걸을 여유가 없는 듯 서둘러 건너간다.

나비 육교안의 들풀 정원에 발길이 묶인다. 나비 등에서의 서성임은 연초록 행복이다. 아침 인사로 이슬방울을 훔쳤다. 나비 등에는 들풀들이 청보리처럼 자란다. 냉이가 여린 꽃대를 밀어 올려서 잠망경 놀이를 하고 담쟁이 넝쿨은 아침 햇살을 놓칠세라 잎사귀를 한껏 벌렸다. 밤새 출출한 길손이 버린 우유갑과 빵 봉지가 비둘기를 불러들였다. 비둘기 아침 식단이 온차게 먹고 간 길손 때문에 심히 조촐하다. 비둘기는 자기 발에 눌린 여린 풀들의 낑낑거림에도 아랑곳하지 않고 빵 부스러기를 줍느라 바쁘다.

나비 날개에 그려진 그림지도에 눈길이 간다. 주안, 원미산, 부평 등의 한자가 이곳의 지도임을 알려 준다. 지도가 선명치 못한데다 모르는 지명들이 많아서 궁금해졌다. 육교 주변 사람들도 나비 육교에 대해 잘 알지를 못했다. 세상 살아가는 정보망인 택시기사에게 물어도 막연한 대답이다. 부천시청과 원미구청에 문의했더니 이틀 만에 답이 왔다. 인터넷 검색으로 찾을 수 있는 정도의 답이다. 그래도 친절하게 이틀을 걸쳐서 알려 준 직원에게 감사했다. 프랑스 설계사가 우리나라 대동여지도를 참조해서 옛 부천 인근 지역을 나타낸 지도란다. 육교 어디쯤 그 정도의 설명이라도 있으면 좋을 텐데 아쉬운 대목이다. 부천시민들도 모르는 사실이라 외지인들에겐 궁금증만 유발시킬 것 같다.

최근 들어 일주일에 한 번씩 이른 아침에 나비 등을 걷는다. 계단을 오를라치면 나비 육교답지 않아 망설여진다. 균열이 거대한 날개를 주저앉힐 것만 같다. 애써 나비 육교를 미화하느라 비둘기 발톱이 찍었다고 해둘까. 계단이 주저앉으면 거대한 나비 육교는 어디에 안착을 할까. 나비 등을 다 걷고 나면 이상한 나라의 앨리스라도 만날 것 같지만 나비가 휴식을 취할 자리는 없다. 쉽게 들어설 수 있는 카페라도 있으면 좋으련만. 나비는 거대한 날개를 접고 등줄기에 얹힌 나를 내려놓을 장소가 없어서 고단해 한다. 시민들이 나비 등을 타는 걸 즐기지 않는 이유가 여기에 있는 건 아닌지.

오늘도 육교 안의 들풀들은 아침 이슬로 세안 중이다. 밤새 각자가 받은 이슬에 만족해하는 듯 소란스럽지가 않다. 일찍 자란 쑥이 소담스레 손길을 부른다. 댓잎 뜯어서 가방에 넣었다. 프랑스제 고급 향수가 이런 쑥 향에 비할까. 담쟁이 넝쿨이 나비 날개에 발을 걸쳤다. 담쟁이는 육교 날개를 넝쿨로 뒤덮을 모양이다. 표정 없는 나그네들의 시선을 잡아야 하는 소임이 있지 싶다. 풀꽃도 냉이꽃도 나비를 부르느라 오월 바람에 소문을 흘린다. 아마도 한낮이면 소문 들은 나비들이 팔랑대며 근처를 배회하겠지. 먼 곳에서 왔노라고 코를 박으며 쉬어 갈까. 사랑 타령에 나비 육교가 흔들리려나.

육교를 활용할 방안이 분명 있었을 텐데 나의 무지이겠지만 시민들이 애용할 가치는 적어 보인다. 심상이 깃든 육교를 만들라치면 적어도 문화적인 소통이 가능해야 하지 않을까. 건너편 먹자골목과 연결이 된다든지 예술과 접할 수 있는 갤러리나 영화관 혹은 재래시장이라도 연결이 된다면 나비 육교의 활용가치는 훨씬 높지 않을까. 양옆으로는 전문성을 띤 오피스텔과 소비층이 일부인 상가들뿐이다,

온종일 나비 육교를 건너다니는 사람은 50여 명도 안 되지 않을까. 나비 육교 밑을 지나는 자동차들의 행렬만 줄기차다. 자동차를 이용하는 이들은 밑에서 올려다보는 나비 육교에 별스런 의미를 찾지 못한다고. 투명유리를 받치고 있는 거대한 지지대만이 을씨

넌스럽게 뻗쳐있어서 볼썽사납다고도 한다. 길에서 올려다보면 먼지 둘러쓴 지지대가 늙은 바위같이 버거워 보인다. 날개 아래의 미관까지 아름다워야 이름값을 하는 게 아닐까. 부천에 삼십년을 살면서 나비 육교에 올라 본 것은 최근의 일이다. 그만큼 나비 육교의 활용도나 미관이 시선을 끌지 못했다는 반증이기도 하리라.

육교를 작은 예술 공간으로 활용할 수 있을 듯도 한데 그러한 흔적은 없다. 시화전 정도는 괜찮지 않을까 싶다만, 굳이 그렇게까지 해서 육교를 이용하게 할 이유도 없긴 하다.

육교 안은 다행히도 자동차 굉음이 나비 날개에 막혀서 한적하다. 그나마 소음을 막아주는 육교에서 별을 볼 수 있다고 자랑할까. 나비 날고 풀냄새 폴폴 한 육교라고 자랑할까. 반응 없는 시민들을 탓할 일은 아니라서 씁쓸하다. 지난밤 취객의 흔적에 비둘기 아침 식단만 다양하다.

엉겅퀴

쑥꾹새 소리로 한낮의 고요가 울적하다. 어느 여인의 서러운 삶이라도 들려주려나. 쑥 캐러 나선 여인들의 마음이 숙연해진다. 진달래가 산바람에 간들거리고 양지쪽엔 쑥이 소복하니 자랐다. 쑥을 캐서 터는 손길들이 숙련된 기억을 답습한다. 드문드문 자란 엉겅퀴도 무딘 칼에 속절없이 나자빠진다. 엉겅퀴는 도시 공해로 얇아진 내 손을 사정없이 할퀸다. 쓰라리다. 뽑힌 몸이지만 엉겅퀴의 마지막 자존심에 생겨난 갈퀴가 사납다.

쑥국에 엉겅퀴 한 잎만 넣어도 국의 품격이 달라진다. 자줏빛 꽃을 피우려던 엉겅퀴의 꿈이 하녀처럼 내 소쿠리로 옮겨져 쑥국 맛을 돋우는 조연으로 배당되었다. 소쿠리에 담기자마자 풀이 죽는 쑥은 엉겅퀴 뒤축에 몸이 걸린다. 조연에만 머물 수 없는 엉겅퀴는 쑥 향기를 누를 기세가 여간 아니다. 여인은 엉겅퀴의 갈퀴쯤은 아랑곳하지 않고 숭덩숭덩 캐 담는다. 감히 여인의 손을 찔러 볼 엄두를 못 내는 듯하다. 누구의 삶이 더 갈퀴가 심했냐고 묻는다면 엉겅퀴도 여인도 목소리에 갈퀴를 세울 것 같다. 엉겅퀴 향이 쑥국에서 도드라져 입맛을 돋우는 향내를 기대하면서 여인의 갈퀴 같은 삶을 들추어본다.

허울 좋은 부잣집 맏며느리의 시부 시집살이를 엉겅퀴에 비한다면 지나치다 할까. 시아버지의 눈에 난 남편은 병환으로 일찍 세상을 떴다. 젊은 며느리는 자식 넷에 절망할 겨를도 없이 시아버지가 부리는 일꾼이 되었다. 시아버지는 머슴들도 다 내보내고 손자들과 며느리만으로 천석 농사를 지었다. 손발 어느 한 곳 갈퀴가 생겨나지 않은 곳이 없었던 며느리는 그저 부농의 머슴일 뿐이었다. 시아버지는 하루도 거르지 않고 자전거를 타고 논밭 언저리를 돌며 감시를 했다. 며느리는 오늘도 일만 하노라고 모가지를 뽑아 들어 무언으로 보고해야만 했다. 시아버지에게선 가족이라는 애정을 가라지 한 톨만큼도 엿볼 수 없었단다. 야멸친 호통만이 엉겅퀴 갈퀴 되어 여인의 심정을 할퀴었다지 않는가. 부농을 이어 갈 자식을 잃은 두려움이 며느리를 머슴으로 몰아쳤을까. 여인을 짓누르던 버거운 시부 시집살이가 억겁의 세월을 만들었다.

강화 토성 근처에 가면 엉겅퀴 군락이 있다. 짙은 초록 잎사귀와 엉겅퀴 꽃에 매료되어 사진도 찍고 꽃술을 만져보기도 했다. 진초록 잎사귀에 돋친 갈퀴는 독이 오른 듯 사나웠으나, 자줏빛 꽃술은 윤기 자르르한 고양이털같이 부드럽고 촉촉했다. 엉겅퀴는 삶의 갈퀴가 목구멍까지 차올라도 갈퀴 꽃으로는 필 수가 없었던가 보다. 가시처럼 펼쳐진 꽃술은 바람결같이 부드럽고 새순같이 연했다. 아무도 범접치 못하게 하는 강한 외향에 부드러운 속내를 가진 엉겅퀴 꽃의 절정은 살벌한 현실을 묵묵히 견뎌낸 의연함인 듯했다. 엉겅퀴 꽃을 속내가 누긋한 자의 모습에 비할 수도 있지 않을까.

쑥을 캐는 여인의 모습엔 암만 봐도 갈퀴가 보이지 않는다. 엉겅퀴 같은 삶에도 나비를 유혹할 만한 그 무슨 매력이 있나 보다. 향기인지 자태인지 나는 여인의 성정에 푹 빠져 헤어날 줄 모른다. 강화 토성을 지켜 낸 엉겅퀴 꽃의 의연함을 여인의 삶에 비견해도 좋을 듯하다. 이제 나는 부드럽고 결 고운 자줏빛 엉겅퀴 꽃을 감히 이 여인의 꽃이라 칭하련다. 그쯤 되면 목소리도 억세고 성격 또한 거칠 법도 한데 여전히 유순한 성품에 목소리도 연하다. 다만 들녘에 내팽개쳐졌던 피부만이 억겁을 살아온 흔적으로 인해 거칠 대로 거칠었다. 결결이 골진 얼굴에 웃음 결까지 겹쳐서 엉겅퀴 꽃술 같은 주름이 한 가득이다. 그럼에도 불구하고 바람에 꽃술 흔들 줄 아는 가슴엔 늘 훈풍이 불지 않는가.

시아버지와의 마지막 대면은 두고두고 여인의 눈가를 젖게 한다. 집안 제삿날, 며느리를 손짓해서 불러놓고는 병세 짙은 목소리로 "어기야 떠기야로 힘들게 하지 말고 간단히 차려라"고 하셨단다. 시아버지로부터 결혼 40여 년 만에 처음으로 듣던 격려였다니 그만한 위안이 어디 또 있었을까. 어찌하여 말년에서야 부드럽고 자상한 시아버지가 되어 다가오셨을까. 머슴 같은 며느리로 만드는 일이 시아버지의 과업이라도 되었더란 말인가. 출상 날, 시아버지의 자상한 말 한마디를 부여잡고 애달파하는 며느리의 절규를 가슴에 담고 가시기나 했는지.

엉겅퀴 꽃은 여인의 꽃일 수밖에 없는 숙명인 듯하다. 쑥국새 목이 멜 때 함께 흘렸을 여인의 눈물은 묵정밭에 뿌려져서 엉겅퀴 꽃으로 피어났을까. 구렁논에 흘러들어 옥토로 가꾸었을까. 엉겅퀴 꽃을 닮은 여인의 속울음에 임 묻힌 거류산 쑥국새도 애를 끓이며 함께 울어 주었을까. 임 부르는 절규에 대신 답했던 쑥국새는 여인을 지탱해주던 젊은 남편이었으리라. 임 묻힌 무덤가엔 여인을 닮은 엉겅퀴 꽃 한 무더기 피어나지 않으려나. 이 땅의 쑥국새는 삶이 설운 여인들과 어찌 이리도 친숙할까. 쑥국새 소리는 어린 엉겅퀴에도 설운 듯이 녹아든다.

쑥을 캐는 여인의 손놀림이 더욱 유연하다. 자신을 엉겅퀴 꽃에 비유하는지도 모른 채 소쿠리를 채우는 데 열중이다. 쑥국의 조연 같던 엉겅퀴를 이젠 주연으로 배정해야 할듯하다. 여인의 갈퀴 같던 삶을 촉촉한 엉겅퀴 꽃으로 피워 준 주연이지 않은가. 쑥꾹새 소리는 한낮을 여인의 논배미만큼이나 길게 늘이며 시장기를 부른다. 엉겅퀴, 쑥국 냄새가 나는 것도 같다.

*한국수필문학진흥연구회 주관 2015년 대표수필 40인 선집 『평설로 읽는 대표수필 』에 기재

꽃밤의 멘쿵

"오늘 밤 이대로 진달래 산까지 걸을까요?"

나는 옆을 스치는 남자의 통화라도 엿들은 듯 히죽 웃었다. 남자는 제법 데이트를 할 양으로 꽃밤에 마신 술 냄새를 숨겨 가며 발을 맞췄다. 말해 놓고 무안했는지 "좀 멀죠?" 했다. 저만치 피어 있는 진달래가 벚꽃 길의 작업남 때문에 웃을 일이었다.

문인들과 밤 벚꽃 놀이가 있는 날이었다. 나는 일찍 나온 김에 혼자 꽃길로 들어섰다. 축제를 앞둔 꽃길은 우산을 연등처럼 걸어놓고 조명을 띄우며 사람들을 모았다. 조명 따라 꽃이 돌아서 그런지 멀미가 날 지경이었다. 밤 벚꽃놀이를 나온 사람들의 카메라 플래시가 여기저기서 터졌다. 초입에서부터 웬 남자가 말을 걸었다. 원래 동행한 사람처럼 "참 좋지요." 하기에 나는 놀랄 일도 꺼릴 일도 아닌 듯 "그러네요." 했다. 말을 텄다 싶은지 연륜에 걸맞은 빤한 것들을 물었다. 혼자 왔냐고. 이 동네 사냐고. 자주 오느냐고. 내일도 올 거냐고. 진달래 산에는 가봤냐고. 겉도는 답변이지만 대화는 이어졌다. 작업에 진전이 있다고 여겼는지 옛 연인 같은 멘트를 날렸다. 예전에 이런 길을 참 많이도 걸었는데 오늘 밤이 그런 날 같다나. 동의까지 구한다.

"그렇지 않나요?"

"쿡!"

꽃길을 걷는 연인들처럼 그림은 그럴싸했으나 나는 고속도로에 세워진 모형 교통순경을 본 것처럼 민숭민숭했다.

사진을 찍어주겠단다. 카메라를 건네고 어색하게 포즈를 취했다. 꽃밤에 사색 좀 하려다가 귀찮은 짓까지 하게 되었다. 예기치 않은 일도 즐거우면 좀 좋을까. 남자가 통화를 하는 틈에 서둘러 거리를 두었다. 아이들을 집에 두고 모처럼 남편과 꽃길을 걸었을 때의 어색함이 떠올라서 이내 추억에 빠졌다.

그날도 가로수에 꽃들이 피었고 민망할 만큼 밝은 달밤에 한 시간이나 걸어서 집으로 왔다. 둘만의 발자국 소리가 신경이 쓰일 정도로 조용한 밤이었다. 저녁을 먹은 얘기랑 아이들 얘기를 하다가 서로 말이 없어졌다. 멀거니 내려다보는 달에 들킨 연인들처럼 거리를 두고 걸었다. 남편이 손을 잡아주지 않으니 나라도 팔짱을 끼면 좋으련만, 분위기 연출을 할 순간을 놓치는 바람에 거리 두기를 유지한 채로 집까지 왔다. 서로가 민숭민숭하지 않았기에 어색함을 애써 발소리에 실었지 싶었다. 집에 와서 아이들과 뒤섞이는 통에 별스런 감정도 없는 남편으로, 아내로 돌아갔다.

남자가 언제 또 옆에 와서 말을 걸었다. 일행을 기다리는 중이라는 내 말에 자기도 일행이 있다며 꽃구경 끝내고 내려가서 막걸리라도 하잔다.

"우산꽃 한 송이 따다 드릴까요."

"축제하려고 걸어 놓은 걸요?"

연애에 숙맥인 척을 했다.

"예쁘십니다."

마술 같은 조명에 드러나는 꽃송이를 올려다보며 못 들은 체했다. 빈말이든 아니든 느끼해서였다. 지나친 친절에 덧칠하는 멘트는 언제나 느끼하다. 친구는 상대의 감정을 무시한다며 나무라지만 내 감정이 더 우선이지 않겠나. 남편을 만나기 전의 남자들은 세 번을 만난 적이 없다. 어쩌다가 손이라도 스치면 사납게 돌변하여 그 자리서 끝냈다. 철길을 함께 걸었던 남자는 세상을 그토록 모나게 살지 말라며 충고하고 갔다. 다행히 남편은 배려남이다.

상처가 있느냐고 묻는다면 이런 것도 이유일까. 어릴 적 지적장애를 앓는 사내아이에게 짓궂은 녀석들이 여자애들만 보면 바지를 내리라고 시켰다. 아이는 우리만 나타나면 실실 웃으며 바지를 훌렁 내렸다. 그 아이의 흰 아랫도리를 볼 때마다 침까지도 토할 것 같았던 느끼함이 오래 간 것 같기는 하다. 이 나이에 남자가 예쁘다고 하면 그러려니 하고 말 일을 웬 느끼함까지 끼어드는지.

정상에 다다랐을 즈음 일행한테서 전화가 왔다. 아래서 기다리고들 있다고. 올라오라고 하고서 전화를 끊으니 별로 친하지 않은 사람인 것 같단다. 예를 갖춘 대화가 그렇게 들린 듯했다. 좀 더 끌어도 될 일을 "문인들입니다." 하였다. 남자는 멋쩍은 듯 측근의 시인들을 주워섬기며 좀 전의 태도를 바꾸었다. 문인이 무기가 되는 순간이었다. 남자도 일행을 부르는 전화를 하고서 인터뷰를 하듯 소설가인지 시인인지를 물었다. "수필가입니다." 하였더니 실망이라는 듯이 "네에" 자가 처졌다. 속으로 '당신이 수필을 알아?' 하였지만 하마터면 수필의 문학성을 질편하게 늘어놓을 뻔했다. 혹시 책을 냈느냐고. 제목은 뭐냐고.

이제야말로 껄끄러운 남자를 내칠 수 있는 기회가 왔다.

"『칼 가는 남자』입니다."

"햐 섬뜩하네요."

"그렇죠."

읽든 안 읽든 각인은 되었으리라. 수필 한 편을 쓰는데 시간이 얼마나 걸리는지 물었다. 일주일에서 열흘은 걸린다고 했다. 단박에 써내려가는 것이 수필 아니냐고 말하고 싶은지, "이런저런 것을 모으느라고"까지 말하다가 얼버무렸다.

그렇다고 해뒀다. 대화가 끊어지는가 싶더니 자기 같은 서민을 만나면 어떠냐고 했다. 로맨스를 시도하던 남자가 갑자기 판을 뒤집는 바람에 문인임을 밝힌 나는 칼을 든 여자가 되고 말았다.

서로 일행을 만나 인사를 하고 자연스레 편이 나뉘어 걸었다. 뒤

따라오던 남자의 일행이 여기가 소설가 양귀자가 살던 동네라며 힘주어 말했다. 우리더러 양귀자 만큼 유명하냐는 소리로 들렸다. 사진을 찍고 나서 보니 남자들이 안 보였다. 로맨틱한 데이트의 기대치가 사라져서인지 무명작가에 대한 콧방귀인지 인사도 않고 가버렸다.

"오늘 밤 이대로 진달래 산까지 걸을까요?"

"우산꽃 한 송이 따다 드릴까요?"

절벽에 핀 진달래라도 꺾어다 줄 것 같은 작업남의 멘트가 한낱 우스개가 되어 쿵하니 떨어졌다. 꽃밤의 데이트가 심쿵은커녕 멘쿵으로 끝장이 났다.

남자와 돌멩이

젊은 남자가 장맛비처럼 질척대며 걷는다. 가랑비가 오는데도 우산을 펼치지 않았다. 한 손에는 우산을 들고 다른 손에는 누런 돌멩이를 쥐었다. 아직은 술추렴이 심한 시각이 아닌데도 많이 취한 듯하다. 술에 취한 남자의 손에 들려진 큼지막한 돌멩이가 위협을 느끼게 한다. 신호를 무시하는 남자를 피해 자동차들이 속도를 늦춘다. 어떤 사건을 일으킬 만큼의 격한 모습은 보이지 않으나, 술기운에 폭발할 수도 있지 않을까 하여 먼저 경계를 하는 모습들이다.

돌멩이는 늙은 오이로 보일 만큼 길쭉하고 둥그스름하다. 어디에 사용할 목적일까. 돌멩이를 든 남자가 만취한 상태에서, 비를 맞으며 신호를 무시하고 걷는 모습은 여간 심상치가 않다. 어진 사람이라면 아무리 취중이라도 돌멩이로 남을 해치지는 않을 테지만, 본질은 알 수가 없으니 섣부르게 판단을 할 수가 없다. 백미러에 보이는 남자의 흔들림에 염려가 장마철 곰팡이처럼 구물구물

번진다. 돌멩이엔 예전의 모서리가 서릿발처럼 뻗쳐날 것만 같다. 혹여 돌멩이를 쥔 남자가 모난 성품을 가지지는 않았을까. 남자가 가는 목적지는 어딜까. 지혜로운 아내가 있는 집이라면 남자의 흔들림을 잠재울 수 있으련만, 소위 말하는 바가지 긁는 아내라면 사달이 날 듯도 하다. 돌멩이의 사용처를 확인할 수 없는지라 더욱 마음이 쓰인다. 돌멩이가 술 취한 남자의 손안에 있는 한 위험의 불씨가 꺼지지 않아서일 게다.

술에 취한 남자의 흔들림이 더욱 불안하다. 술기운에도 돌멩이를 잡은 남자의 손엔 힘이 실려 있어 떨어뜨릴 것 같지는 않다. 떨어뜨릴 것 같지 않은 행동에 안도해야 할까. 혹시 돌멩이의 사용처가 그 남자의 분노용이면 어쩌나. 분노 깊숙한 곳엔 수치심이 살고 있지 않은가. 남자가 감추고 싶었던 수치심을 누군가가 들춰내기라도 한 걸까. 분노를 위한 것이 아니라면 포장 가방에 넣지 않았을까. 저 돌멩이는 창조주가 만들어 지상에 둔 귀중한 예술작품이지 않은가. 나는 괜스레 술 취한 사람들의 실례만으로 돌멩이의 가치를 평가절하 시키고 있는지도 모르겠다. 흐릿한 이성이 저를 얼마만큼 지탱해 줄 수 있으려나. 염려의 꼬리가 길어진다. 아무도 저를 간섭하거나 제지하지 않는다. 나 역시 한 발짝도 다가갈 수 없기에 심성이 고운 남자였으면 하는 바람만 키운다.

저 돌멩이가 남자의 주폭에 사용된다면 얼마나 심한 파괴를 부를까. 최근 매체에서는 주폭(酒暴)의 위험성을 강하게 다루고 있다. 지금까지 주폭에 의한 범죄의 경우, 죄의 가중치를 적게 받았다. 이성적이지 않은 판단에서 온 과오라 참작이 되었다. 술에 의한 범죄이지 자신이 일부러 행한 행위가 아님을 내세워 법은 취중 행위를 선처해왔다. 이런 관행은 폐해가 심각하지만, 여태껏 관용의 미덕으로 그 죄를 묻지 않거나 처벌을 가볍게 했던 것이 사실이다. 주취자 관용의 법칙이 통용되었기에 피해자의 고통은 더 크지 않았을까. 범법행위까지 가지 않더라도 거듭되는 술주정은 가족들이나 주위 사람들에게 트라우마를 앓게 한다. 그 파장은 사회에까지 미쳐 악순환을 겪는다. 일명 〈주폭과의 전쟁〉을 이제야 다룬다는 것이 뒤늦은 처사지만 좋은 결과라 하겠다.

남자가 든 돌멩이는 본시 모서리가 많고 거칠었음 직하다. 오랜 부대낌의 연속에 모난 곳이 둥글어지고 구르는 소리가 맑아져 갔을 테지. 남자의 손에 들려지기까지 뱉어내고 삼켰을 수많은 사연이 있지 않았을까. 돌멩이가 남자에게 말을 건넬 수 있다면 자신을 궁굴리며 모양을 내던 세월의 인고를 말해주지 않으려나.

사람이 모난 곳이 둥글어지고 구르는 소리가 맑아지는 때는 언제쯤일까. 남자가 든 돌멩이가 되레 나의 모난 성품을 궁굴리려는가. 맥없이 바라보던 눈길을 거두어 내 마음의 울림을 듣는다. 둔탁하나 차분히 구르는 소리가 들리는 듯하다. 자만할 일 아니기에 살며시 감사를 얹는다.

남양주 두물머리에는 정자를 중심으로 몽돌들이 늘려 있다. 그냥 몽돌인 채로는 아니다. 채색된 몽돌들이 방글거린다. 그림 도구가 준비돼 있어서 관광객들이 나름으로 채색을 하고 글씨를 쓴다. 길가에 즐비한 몽돌들은 채송화가 핀 듯하다. 오색의 몽돌들이 그 곳을 다녀간 많은 이들의 얘깃거리를 들려준다. 쪼그리고 앉아 찬찬히 들여다보는 재미도 쏠쏠하다. 연인들의 고백이 실린 몽돌에선 사과 꽃향기가 나는 듯하다. 나도 몽돌에 몇 글자를 썼다. '순간마다 행복하세요.' 누군가는 내 몽돌에 미소 지으며 그 순간을 행복해하지 않을까.

남자의 돌멩이가 어디에 사용되었는지는 알 수 없지만 안온한 결과였기만을 바란다. 장식용으로 두기에는 생기가 없고 모양도 변변찮아 보였으니 필시 아내에게 줄 살림용이지 않았을까. 알뜰한 아내가 장아찌를 담그고 그 돌멩이로 한껏 행복을 실어 눌렀지 않았을까. 만취한 남자의 무표정에서 애써 불길한 느낌을 지우느라 목적지를 잃을 뻔했다.

새삼스럽게 남양주 두물머리 몽돌들의 인고가 내 마음에서 뒤챈다. 남자의 돌멩이도 또 다른 모난 곳을 궁굴리느라 세월에 몸을 뒤척일 것이다. 돌멩이의 궁굴림을 따라 그 남자도 나도 마음 구르기를 멈추지 말아야 할 테지. 남자의 걸음걸이가 온전해지면 볼품없던 그 돌멩이에도 오색의 행복이 채색되어 방글 거리리라.

봉숭아 꽃물 들이기

"오늘 숙제는 편지쓰기야. 편지는 문장이 칼큼해야 해. 편지는 말하듯 글을 쓰는 거야. 지나치게 감정을 넣으면 편지가 아니야."

보송보송하니 솜털이 일 것 같은 얼굴에 검정 뿔테 안경을 쓰고 웨이브 진 머릿결과 연핑크의 도톰한 입술을 가진 중학교 국어 선생님의 가르침이었다. 청바지에 헐렁한 티셔츠를 입고 지금으로 치면 영화배우 송혜교를 닮은 선생님이 편지는 칼큼 해야 한다고 어찌 그리도 강조를 하시던지. 도시 미인에 대한 동경에 딱 들어맞는 선생님은 칼큼 편지와는 전혀 어울리지 않는데도 질색하듯 칼큼에 힘을 주었다.

편지쓰기 숙제로 밤을 새웠다. 어릴 적 봉숭아 꽃물을 들여 주고 시집간 큰 언니에게 쓴 편지였다. 편지보다 밤을 새워 운 울음이 길었으니 칼큼 편지와는 거리가 있었다. 알면서도 제출을 했다. 역시나 내 편지가 걸렸다. 선생님은 연핑크 꽃잎 같은 도톰한 입술을 달싹거리며 질책을 했다. 어제 뭘 들었느냐다. 때로는 정답을 알려줘도 그 답대로 하고 싶지 않을 때가 있지 않나. 반론을 제기할 수도 있으리라 여겼다. 사춘기였으니까. 그럼에도 질책은 칼큼으로 여지없었다.

그때는 눈물 맛에 빠져 있던 시기였다. 사춘기가 어찌 눈물 맛부터 알게 했는지. 성숙한 또래들은 연애편지 사건으로 교무실을 들락거리는데 나는 밤의 공허함에 젖어 눈물을 쏟았다. 달밤에 보이는 우물가도, 마당도, 아무렇게나 벗어놓은 가족들의 신발도 어찌 그리 공허하던지. 밤마다 이불 속에서나 우물가에서 울었다. 울음의 실체는 분명치 않으나 갓 시집간 작은 언니의 부재도 한몫했다. 밤의 유희를 즐기는 귀뚜라미가 숨 고르는 틈새에도 공허는 음습했다.

주말 흑백텔레비전의 외화 더빙은 어찌 그리도 염증이 나던지. 더빙과 화면 속 장면과는 너무나 거리감이 있어 감질이 났다. 나한테도 들키는 허접스러운 더빙의 외화를 본 날은 그대로 앉아서 울었다. 눈물 쏟는 나를 본 어머니는 "아이가?" 하신다. 별일이라는 경상도 사투리다. 이유도 묻지 않고 핀잔도 안으셨지만, 뭔가에 대해 힘들어한다는 건 느끼신 듯했다. 어머니는 그 궁금증을 어떻게 묻지 않고 넘어가셨을까.

슬픔은 아니고 공허여서 눈물이 흐르는 순간을 즐긴 것 같기도 하다. 편지쓰기 숙제는 그 밤의 공허함을 메워주기에 충분했다. 어릴 적 큰언니와 담장 밑에서 봉숭아꽃물을 들이던 추억은 염증 나던 외화의 더빙보다도 더 흥건하게 감성을 적셔주었다. 다음 날 선생님은, 도톰한 연핑크 입술로 결코 모진 지적은 할 수 없으리라는 내 짐작을 여지없이 뭉개버렸지만, 칼큼한 편지와 선생님의 아름다움이 아무런 관련이 없다는 것이 애석하기 그지없었다. 선생님의 아름다움은 사춘기 소녀의 감성을 건드려주기에 충분했지만, 지극히 주관적인 감성이었기에 반박할 여지가 없었다. 그 선생님 성함은 가물거려도 송혜교만큼이나 아름답던 선생님의 도톰한 연핑크 입술은 아직도 잊히지 않는다.

이제야 편지는 칼큼해야 한다는 것을 안다. 밤이슬 맞은 편지가 아침 햇살에 얼마나 견디던가. 찢기거나 부치지 못하는 편지로 전락하지 않던가. 선생님이 그토록 아름답지 않았다면 내 편지도 칼큼했으리라. 내 사춘기에 비친 아름다움은 문학의 첫발에 걸림돌이었을까. 만약 편지가 칼큼했더라면 문학으로의 입문이 더 빠르지 않았을까.

손톱에 봉숭아꽃물이 연하게 들었다. 친구 따라 충청도 시골엘 갔다가 골목에 심긴 봉숭아꽃을 따서 손톱에 꽃물을 들였다. 한 손으로 빨간 물이 흥건해지도록 쪼물거려 손톱 위에 볼쏙하니 올렸다. 딱딱한 조개껍데기 같은 손톱에 물드는 일이 그리 쉬운가. 차 밖으로 나왔어도 손님 대접을 받으면서도 손톱에 올려진 봉숭아 때문에 조심해야 했다. "봉숭아물을 들이시네." 손가락을 뻗쳐 든 나를 보고 동네 어르신이 말을 건다. 할머니는 늙고 자녀들은 도시로 간 동네에 봉숭아꽃물을 들이는 젊은 여자가 나타났으니 새삼스럽기도 한 모양이다. 가는 곳마다 봉숭아꽃을 따서 쪼물거려 다른 손톱에도 얹었다. 함께 간 친구들의 목적은 봉숭아와는 상관없는 일이었으나, 그들의 일도 나와는 상관없기에 봉숭아꽃물들이기에 재미를 붙였다. 차 안에서 두 손을 모시고 있다가 깜박 조는 바람에 봉숭아가 다 떨어지고 말았다. 그나마 연한 주황으로 물이 들었다. 미흡한 색감이지만 봉숭아꽃물을 들여 봤다는 사실만으로 추억 들추기가 맛났다.

그 흔한 매니큐어 치레도 안 하는 손톱이 호사를 했다. 봉숭아 꽃물이 첫눈이 올 때까지 빠지지 않는다면 사랑이 이루어진단다. 진부한 사랑을 기다릴 일은 아니지만, 손톱이 자라며 새순 같은 손톱의 고운 색감을 기대한다. 여린 손톱이 진한 손톱을 밀어내는 묘기라니. 약해도 강한 손톱의 성장이 소녀티를 벗는 듯하지 않은가. 봉숭아꽃물도 들였으니 중학교 선생님이 가르쳐 준 칼큼한 편지를 써 볼까. 대상을 잡기조차 낯간지럽다. 그러기에 편지는 칼큼해야 하는 모양이다.

누구나 그러하듯 내 사춘기도 일반적이지 않은 세계들이 바글거렸다. 나는 문학책에서 발견한 사건들로 선생님들과 심리 테스트를 했다. 소설 『데미안』에서 싱클레어가 선생님과 시선을 강하게 마주쳐서 지적받지 않던 장면을 후임으로 오신 국어 선생님께 테스트를 했다. 질문하시는 선생님과 일부러 눈을 마주쳤다. 질문을 피하려고 싱클레어보다 더 강한 시선을 보낸 것 같은데 선생님은 구원투수라도 만난 듯 옳다구나 나를 지적했다. 강한 시선에 기대를 걸었던 선생님이 대답을 재촉했다. 나는 질문자체를 알지 못했고 싱클레어의 심리 테스트에 대한 의문과 선생님의 재촉에 안절부절못했다. 선생님의 실망 실은 막대기는 내 배를 쿡쿡 찔렀다. 시선 맞추기의 맹랑한 처사는 온데간데없고 수치심만이 막대기에 달라붙어 나를 찔러댔다. 나와 싱클레어의 시선에 어떤 차이가 있었던 것일까. 오랫동안 싱클레어의 시선을 이해해 준 선생님이 몹시 부러웠다. 사춘기 소녀 눈에 비친 아름다움은 늘 촉촉하고 부드러운 것이어야만 했는지, 내 배를 찌르며 실망스러워했던 선생님도 보송보송하니 예쁘셨기에 당황했고 수치스러웠다.

이제 봉숭아꽃물들인 부분이 자라서 그러데이션 하게 되었다. 이 절묘함을 맛보고자 아름답던 국어 선생님들까지 기억해 냈다. 지금이라도 선생님들을 찾으려면 찾을 수 있으련만, 혹여나 칼큼한 편지를 쓸 수 있는 시점을 놓치지나 않았는지. 싱클레어의 시선을 이해할 만도 한데 때를 잡지 못한다. 언젠가는 선생님께 수치심 걷은 얼굴로 시선을 맞춰야 하지 않을까. 첫눈 오는 날 봉숭아꽃물이 남아 있다면 두 선생님을 찾아뵐까. 그날이 내 문학에 그러데이션 한 날이기를 기대해도 되려나.

포구나무

정년을 모르는 포구나무다. 동네 어른들을 산천으로 보내드리고 아이들을 길러낸 종신 청지기다. 동네의 애환에 바람을 모아 기뻐하고 도래지를 하며 고통을 함께한다. 올해도 새잎을 토해내느라 줄기는 더욱 휘고 몸집은 늙은 소의 목덜미마냥 쭈글쭈글하다.

삼십여 년 만에 맨발로 포구나무 등걸에 올라앉았다. 더는 큰 몸집을 불릴 수 없어서 옹이를 만든 건지 등걸 틈틈이 작은 옹이들이 퉁겨졌다. 사람 손이 덜 닿은 곳에선 이끼와 버무려진 껍질이 떨어질 듯하다. 슬쩍 건드리니 맥없이 떨어진다. 포구나무는 나를 앉힌 무게에도 껍질 떨어지는 통증에도 종신 청지기의 신념인 양 초연하다.

여느 동네마다 지주 같은 정자나무들이 있듯이 우리 동네도 아름드리 포구나무 두 그루가 동네 양쪽을 지킨다. 내가 기억하는 큰 나무가 원래는 작은 나무란다. 큰 포구나무에 불이 나서 다시 심었다고. 두 포구나무는 동네 사람들이 패로 나뉘어 쉴 수 있는 사랑방이었다. 작은 포구나무엔 연세 드신 어른들이 모였고 큰 포구나무는 젊은 사람들과 아이들이 모였다. 나무 밑 너른 바위에서 초저녁잠을 청하기도 하고 밤이 이슥해지도록 얘기 소리가 끊이지 않았다. 애들은 새소리와 합세해 동네를 들썩이게 했고, 들일을 하던 어른들은 중참 후 한잠을 청하기엔 그만한 곳이 없었다. 나그네들도 쉬었다 가느라 나무 밑이 빈 적이 없었으니, 타지 건달들이 우리 동네 처녀들을 넘보지 못하도록 지킴이 역할도 톡톡히 해냈다.

선거철이면 막걸리를 항아리 채 들고 나가 나그네들에게 한 잔씩 선사하며 표심을 얻곤 했다. 지금은 선거법 위반으로 경을 칠 일이지만 그때만 해도 막걸리 한 사발과 고무신 한 켤레가 후한 인심처럼 여겨졌으니 표심은 포구나무 아래의 막걸리나 고무신에서 나왔다고 해도 과언이 아니었다. 선거법이 바뀌고 뇌물 운운하는 통에 우리 어머니는 표 찍으러 가기 싫다고 했다. 고무신 한 켤레도 주지 않는 사람을 찍고 싶지 않다는 거였다. 웃어넘겼어도 작금의 선거법이 포구나무 밑의 인심을 아쉬워하는 우리 어머니를 옭아매지 않기만을 바랐다.

어느 날 동네 오빠가 포구나무 등걸에 올라앉아 조무래기들을 모아놓고 아기가 어디서 나오는지 아느냐고 물었다. 아무리 생각해도 엄마나 동네 아주머니들의 몸에서 아기가 나올만한 구멍이 없는 것 같아 시간을 끄는 오빠의 입만 바라보았다. 멀뚱거리는 우리를 보고 "그것도 모리나. 배꼽에서 나오는 기다. 짜슥들아." 했다. 집으로 와서 내 배꼽을 들여다봤다. 암만 봐도 구멍은 나 있지 않고 까만 때만 가득했다. 아기가 생쥐만 해도 구멍도 없는 배꼽으로는 나올 것 같지 않아 오랫동안 고민에 빠졌다. 내가 커서 아기가 어디서 나오는지를 알았을 때 포구나무 등걸에서 실실 웃으며 배꼽에서 나온다고 했던 그 오빠의 표정이 생각났다. 지금도 등걸만 보면 우리 학교 선생님이셨던 그 오빠가 생각난다.

겁 없던 애들의 발바닥에는 풀이 묻어 있기라도 한 것처럼 거꾸로 꼬라박힐 것만 같은 곳을 잘도 오르내려서 한 번도 시도해 보지 못하는 우리 남매들의 부러움을 샀다. 어떤 애들은 서커스단처럼 위험한 고지를 넘어가서는 부채처럼 펼쳐진 가지 끝을 출렁대며 놀았다. 어느 날은 뒷집 머스마가 나뭇가지와 함께 땅으로 떨어져서 팔이 심하게 부러지기도 했다.

포구나무 밑동에선 엄청나게 큰 구렁이가 자주 나왔다고 한다. 악동들은 뱀 장사가 올 때까지 구렁이가 도망갈까 봐 마음을 졸이며 지키고 있었다고. 악동들이 뱀을 지킨 건지 뱀이 악동들을 지킨 건지 모를 일이지만 구렁이는 포구나무에서 재미 난 구경거리를 만들어 주곤 했단다.

늙은 포구나무는 배웅이 늘 고통이었던 듯 굵은 가지가 사방팔방으로 휘었다. 우리가 숨곤 했던 움푹 팬 가슴골은 시멘트로 메워 놓았다. 그 속에 숨어서 지나가는 애들을 놀래 주기도 하고 비를 피하기도 했었는데 포구나무는 큰 상처였던 모양이다. 어떤 목사님이 움푹 팬 고목을 보고 너도 나만큼 속이 썩었느냐고 물었다더니 고향을 지키는 일이 가슴이 패일 정도로 녹록치 않았던 듯하다. 집집마다 가난한 형편을 살피며 작은 열매라도 맺느라 가슴이 패였을까. 공산당원이라고 매질을 당하며 끌려가던 동네 젊은이들 때문에 애간장이 녹아서일까. 총살형을 당하러 속옷 갈아입고 나서는 아버지를 보내던 어머니의 절규를 받느라 가슴이 패였을까. 총살형을 면하고 동네를 들어서는 아버지를 보고 가슴을 쓸어내렸을 포구나무가 새삼 고맙다. 이제는 바윗덩이 같은 시멘트를 안고서도 등은 여전히 아이들의 놀이터로 내주느라 잎사귀마저 듬성듬성하다.

언젠가부터 하루에 두어 번 오가는 버스가 포구나무 앞에 와서 섰다. 오가는 이들의 신고식을 받듯 포구나무의 소임이 바빠졌다. 도시로 자식들을 보내고 허전해 하는 노모들의 눈을 밝혀서 일면식이 있는 이웃을 찾아주기도 한다. 포구나무 바닥은 최신식 자재로 깔고 방송에도 출연을 했단다. 포구나무 아래서 할머니들의 평온한 한 때를 찍어서 전국으로 퍼뜨렸다고 하니 반가운 일이다. 포구나무에겐 방송이 뭔 대수이겠냐 마는 그나마 고향을 지키는 젊은이들이 있기에 포구나무의 애환도 덜어 준 셈이리라.

포구나무는 겉껍질이 묵은 때처럼 떨어져 나간 데다 반쯤은 드러누웠어도 잎사귀 속에 새를 들이고 그늘을 늘이며 사랑방 역사를 엮느라 잔망스런 바람을 부린다. 패인 가슴께가 회춘하듯 새살이 차올라 시멘트를 밀어낼 날을 기대해도 되려나. 오늘도 정년을 모르는 포구나무 덕에 부모님은 안 계셔도 동네를 드나드는 내 발걸음은 가뿐하다.

소풍

오월의 햇살 속에 오래된 삶이 연둣빛으로 물들어갔다. '그녀들'이라 칭하기에 전혀 손색이 없는 어르신들의 심장 소리가 늦봄을 뒤흔들었다. 1박 2일의 안면도 일주는 칠순 팔순 어르신들이 노인의 너울을 벗어던지고 '그녀들'로 돌아온 봄 소풍이었다. 주름살 사이로 드러나는 홍조는 구부정한 허리도, 지팡이도 문제 될 게 없는 설렘의 증표였다. 오십여 분의 노인대학 나들이는 앞으로의 생애에 마지막일 수도 있는 소풍이었기에 흥분을 감추지 못했다. 차에 오르는 동작은 봄바람만큼이나 상큼해서 한결 수월한 출발이 되었다. 평소에는 나름으로 분별력 있고 판단이 바른 어르신들의 요구에 힘겨울 때도 있었지만, 이날만큼은 인솔교사의 지도에 어찌 그리도 고분고분하시던지, 교사들의 표정도 긴장이 감춰질 만큼 편안했다.

그녀들은 봄의 향연 속에서 나비로, 꽃으로, 바람으로, 구름으로 변신을 거듭해 갔다. 육신의 늙음쯤이야 유채꽃밭에 뿌려버리고 일에서 손을 턴 멋쟁이가 되어 꽃밭을 남실거렸다. 삼삼오오 들길을 걸으며 노래를 간드러지게 불러 옛 추억을 들춰내기도 하고, 더러는 봄나물을 캐고 찔레도 꺾어 옛 맛을 음미하기도 했다. 오늘같이 배부른 날 어찌 춘궁기의 단맛이 나겠냐마는 도심에서 잊고 살았던 가난한 시절의 풋내가 더없이 정겨운 듯했다. 교사와 그녀들이 한데 어울려 낭창한 목소리로 노래를 부르며 바닷바람을 쐬러 나섰다. 안면도 낙조라도 볼 수 있으면 금상첨화일 테지만 오후 시간대라 바위에 다닥다닥 붙은 굴을 따 먹었다. 그녀들은 돌멩이로 굴을 따서 양식인 양 교사들의 입에 넣어주었다. 부서진 굴 껍데기를 입술로 살살 밀어내며 제비처럼 받아먹는 교사들의 얼굴에는 '친정 엄니'의 짭조름한 손맛을 보는 듯이 어리광이 스몄다. 누가 인솔자인지 구분이 없어져 버리고 내리사랑이 전해지는 순간이었다. 그녀들이 마냥 자유로워도 뼛속까지 차 있는 엄니의 사랑만은 잃지 않고 있었기에 자연스레 교사들은 엄니의 아이가 되어 갔다. 설왕설래하는 사랑은 서로를 품는 품을 넉넉하게 부풀렸다.

하루의 일정을 마무리했으나 밤은 그녀들을 깨워 꽃길로 내몰았다. 설레는 가슴을 누를 길 없어 청춘을 되살리듯 꽃밤에 자지러졌다. 밤길을 겅중거리며 나서는 그녀들은 학창시절 수학여행 온 첫날밤을 맞은 듯했다. 목청을 돋우어 '동구 밖 과수원길'을 부르며 아이들처럼 손을 잡고 흔들고 발을 맞춰 걸었다. 어둠을 살짝 밀어낸 벚꽃 송이는 꿈길인 듯 환상에 젖기에 충분했다. 그녀들 가슴에

선 엊그제 같은 오랜 추억이 몽올거리며 일어나서 그 밤이 쉬이 셀세라 밤을 늘리며 낭만을 엮었다. 교사들이 멈추게 하지 않았다면 끝이 어딘지도 모르는 꽃길을 밤새껏 걸어갔을 것이다. 늙어버린 육신은 어둠이 가려준 덕에 오직 가슴속에 출렁이는 감성만으로 중년 시절의 낭만에도 젖어보고, 남몰래 소싯적 첫사랑도 꺼내 보는 듯했다. 그 밤의 꽃길은 두고두고 미소 짓게 할 추억이 될 성싶었다.

그녀들의 절정은 1박 2일이라는 연극과도 같은 밤샘이었다. 밤새껏 각방을 드나들며 깔깔대는 수다는, 단발머리 소녀들의 특권 같은 밤샘의 묘미를 한껏 쏟아냈다. 젊은 시절 신성일 뺨치게 잘생긴 총각으로부터 세레나데라도 들은 듯 황홀해 하며 잠들 줄을 몰랐다. 피곤함에 지친 교사들은 잠들만 하면 까르르 웃어 재끼는 그녀들의 수다에 잠을 잘 수가 없었다. 한 시간가량 주무시는가 싶더니 새벽이 오기도 전에 봄새 같이 깨어나 속닥거리기 시작했다. 낮 일정이 염려될 정도였지만 흥분이 가시지 않는 그녀들의 1박을 해쳐서는 안 될 지경이었다. 언제 또다시 그런 날이 오려나. 1박 2일로 끝내고 쉽지 않은 그녀들의 밤샘은 차라리 절박함이었다. 그녀들이 앞으로 또 다른 소풍에 밤샘을 할지라도 그 날의 황홀함에 비길 수 있을까. 교사들은 선잠으로 푸석한 얼굴을 마주 보며 웃었다. 어이없기도 하고 흐뭇하기도 한 미소가 절로 번졌으니 잠 못 잔 밤의 결과가 과히 나쁘지 않았다는 것이리라.

그녀들의 소풍을 보면서 늙었다는 것은 육신일 뿐이라는 사실에 공감하지 않을 수 없었다. 바다를 향해 양팔을 벌리고 바람을 가르며 내달리는 모습은 누구도 청춘만이 할 수 있는 행동이라 규정지어서는 아니 되리. 그녀들은 오월 햇살에 까무러칠 듯 감탄할 줄 알기에 아름다웠고, 나직이 노래 부르며 밤 꽃길 거닐 수 있는 감성이 있기에 찬사를 아끼지 않았다.

최근 들어 몸이 아파서 기운이 없으신 분을 붙들고 지청구를 줬다.

"손옥남은 손옥남다워야지 그게 뭐요. 기가 죽고 어깨가 축 처져서 보기 싫잖아. 몸이 좀 아파도 화려한 원피스에 구두 신고, 머리 봉실봉실하니 말아 올리고 오셔. 목소리도 오늘 밤같이 낭랑하게 높이고, 안 그러고 오면 혼날 줄 아셔"

그 말을 하면서도 눈두덩이 후끈해졌다. 그저 일주일에 한 번 만나는 노인대학 학생들이 아니라, 내 어머니 같은 분이시기에 자식된 도리를 다하지 못하는 나에게 투덜대듯 지청구가 길어졌다.

천상병 시인은 아름다운 이 세상 소풍 끝내는 날 가서 아름다웠더라고 말하리라 했다. 한 계절이 지나면 한 분 한 분이 이 땅에서의 소풍을 끝낸다. 이번 소풍에 함께 했던 분들도 어느 순간엔가 이 땅에서의 소풍을 끝낼 것이다. 그녀들도 가서 그런 날이 있었기에 아름다웠더라고 말하지 않을까. 놀이 삼아 굴 따던 칠 팔순의 소풍날이 있었기에 행복했었다고. 찔레를 꺾어 먹으며 춘궁기의 청승을 떨지 않아도 되었기에 섧지 않았다고. 중년의 교사들과 손을 잡고 밤 꽃길을 하염없이 걸었던 날이 있었기에 황홀했었다고. '섬마을 선생님'을 간드러지게 부르며 마음만은 S라인이 완벽했던 유희가 있었다고 자랑하지 않으려나. 이 땅에서의 남은 삶이 하늘나라로 가는 그 순간까지 소풍 같아서 행복했노라고 고백할 수 있었으면 좋겠다.

그녀들의 밤샘은 아직도 끝나지 않았다. 눈이 마주칠 때마다 퐁콩 같은 목소리가 때구루루 구른다. 늘 무덤덤하던 분들까지 미소가 길어졌다. 그녀들이 머무는 곳마다 소풍 얘기로 소란스럽다. 자랑이 온 동네를 에둘러 부러움을 사는가 보다. 이런 기회를 주신 김종순 목사님께 감사도 잊지 않으신다. 아직은 그녀들의 밤샘이 별자리만큼이나 또렷하다. 앞으로의 기억 속에서도 꼬리 흐리는 별똥별처럼 사라지지 말고 새벽별처럼 빛날 수 있기를 바란다. 히뜩히뜩 끼어들던 병마도 낭랑한 목소리에 소스라치게 놀라 일곱 길로 달아나지 않았을까.

이번 주엔 화려한 원피스에 구두를 신고 머리를 봉실봉실 말아올린 그녀들을 만날 순간을 기대해도 좋을 듯하다.

3 서울 맛도 추억 맛이다

도시공원 한편에 자라는 청보리를 본 날 꿈을 꿨다. 허리가 허물어진 아버지를 업었다. 아버지 허리는 비에 젖어 퇴비가 될 즈음의 보릿단 같았다. 아버지를 내려놓는데도 여전히 내 허리를 감고 있는 듯 묵직했다. 횡격막을 뚫을 듯 울컥거리던 울음이 아버지의 허물어진 허리춤으로 흘러드는 것 같았다. 잠이 깼는데도 흐느낌이 남았다. 해몽이 어떨지는 몰라도 아버지와 내가 터놓지 못했던 해묵은 사랑이 터져 흐르는 것이라 여긴다. 이제는 청보리 패는 냄새가 나를 괴롭힐 것 같지는 않다.

오늘만

한 남자가 멈춰 버린 공장을 끌어안고 울고 있단다. 얼마 전엔 암도 앓았다고. 마음은 어느덧 그 남자가 울 수밖에 없는 처지에 다다른다. 얼마나 힘겹고 고통스러우면 혼자서 울까. 저 고통의 백지장을 함께 들어줄 누군가는 없는 것일까. 그 남자의 울음이 내 남자의 것인 것 같고, 내 아들의 것인 것 같고 내 아버지의 것인 것 같아 일손이 잡히지 않는다. 아는 체 할 수 없는 구경꾼인 내가 아무 짓도 할 수 없다는 게 안타깝기만 하다.

그 남자의 울음을 생각하는 중에 동네 근처 하우고개의 아카시아 꽃향기가 훅하니 마음을 가른다. 그해 하우고개의 아카시아 꽃향기는 우리에게는 남달랐다. 그냥 해마다 흩날려서 등산객들에게 즐거움을 주는 꽃향기가 아니었다. 남편과 나를 위한 위로의 향내였고, 다독임이었으며 희망의 날줄 하나라도 잡아주려는 비애의 향내였다. 몇 년 전 남편이 운영하는 사업에 부도가 났다. 남편이 날마다 채권자들에게 시달림을 당하는 동안, 나는 어린아이들을 끼고 앉아 압류 딱지꾼의 발소리가 들릴까 봐 마음을 졸였던 적이 있다. 컴퓨터라도 건져 보겠다고 남의 집에 맡겼었다. 컴퓨터를 무척 좋아하던 큰 아이는 날마다 내 치마꼬리를 잡아끌고 그 집엘 갔다. 내성적인 아이가 힘겹게 그 집을 들락거렸던 순간이 떠오를 때면 지금도 미안하다는 말이 튀어나온다.

부도의 시기, 발걸음이 암울하게 떨리기만 하던 그때, 아이들이 학교로 유치원으로 가고 나면 나는 허름한 셋방을 찾아 돌아다녔다. 기도를 해 주시는 연로하신 분이 함께 가주기도 했으나 어느 날부터는 내 결심을 굳히기 위해 혼자 나섰다. 산비탈에 다닥다닥 붙은 지붕이 낮은 집들을 들락거리며 살 곳을 찾아보다가 남편이 퇴근을 하면 같이 하우고개로 갔다. 캔 음료 두 개를 사 들고 뾰족한 대책은 없어도 힘들었던 하루의 일과에 서로 등을 도닥이며 꽃냄새를 맡다가 내려왔다. 처음 가는 날은 그저 막막해서였다. 가슴의 숨을 틔우기 위해서 갔다. 다음날도 그다음 날도, 거의 한 달을 가면서 아카시아 꽃향기 시작을 보았고, 꽃향기의 절정을 몸소 받아들이며 꽃향기가 거의 사라질 즈음에 자연스레 그곳을 가지 않게 되었다. 현실적으로는 나쁜 상황들만 남았지만, 서로를 다독일 힘을 얻고는 씩씩한 나날 때문에 가지를 못 했다.

그때 우리는 서로를 버텨주는 버팀목이 되었다. 일단 우리의 삶에 '왜'라는 단어를 빼버렸다. 누구의 잘못이라고 말하지 않았고, '하늘은 왜 나한테'라는 원망을 하거나 말을 하지도 않았다. 물론

아주 가볍게 받아들인 건 아니다. 처음엔 당황스러운 현실에 갈피를 잡지 못해 울며 방황했고, 아이들은 눈치를 보며 불안해했다. 밤에 잠이 오지 않아 고통스러웠으며, 만나는 이들마다 실패의 원인을 우리에게서 굳이 찾아주려 하는 것 때문에 갑절로 힘이 들었다. 피해의식에 잡혀 들기도 하고, 아는 사람을 피해 다니기도 했다. 그 시기에 사업에 실패한 지인이 자살을 했다. 나는 턱이 덜덜 떨렸다. 남편에게 전화를 했다.

"살아줘서 고마워."

할 말은 그것으로 충분했다.

우리 집에는 U-보트 영화를 녹음해 둔 비디오가 있다. 살면서 힘들어질 때마다 필독서처럼 보는 영화다. 2차 세계대전 당시 독일 해군이 운용한 잠수함으로 영국으로 가는 연합군의 보급물자를 실은 배를 침몰시키기 위해 출항한 잠수함이다. 연합군의 구축함 또한 보급 함선을 호위하면서 U-보트를 침공한다. U-보트는 수심의 적정선보다 더 깊이 내려가야만 연합군의 침공을 피할 수 있는 상황이다. 미쳐 완전한 잠수가 되기도 전에 연합군의 폭격을 받아 해저 280M까지 가라앉게 된다. 바닥이다. 수압에 의해 잠수함이 터져버릴 수 있는 상황까지 갔다. 최종 생존 가능성의 시간은 초를 다투고 바닥을 친 U-보트의 부동은 희망을 보여주지 않는다. 그럼에도 불구하고 바닥에서 떠나보려는 의지가 모두에게 푸른빛처럼 살아 있다. 함장의 명령은 더욱 단호하고 기술진의 고뇌는 극에 달한다. 드디어 바닥과의 공간이 만들어졌다. 어둠 속을 비집고 들어오는 한 줄기의 날 샌 빛과 같은 움직임이 저들을 흔든다. 그렇게 U-보트는 희망의 닻을 띄우며 독일 해안에 보무도 당당히 몸체를 드러냈다.

오늘 그 남자의 울음은 바닥을 친 U보트처럼 절망 상태인 듯하다. 삶이 바닥을 칠 때 올라올 희망이 절망을 밀쳐 내 줄 것을 믿을 수는 없을까. 바닥은 더 이상의 내려갈 곳이 없고 올라올 일만 남았다는 것을 발견하기를 바라는 마음 간절하다. 그 남자는 누군가에게 별 같은 희망이었기에 울 수밖에 없었으리라. 상황이 어떠하든 그 별 같은 희망은 언제나 유효하지 않은가. 희망을 버린다는 것은 사랑하는 것에 대한 죄악이다. 인생에서 절대로 버리지 말아야 하는 것 중의 최종적인 것이다. 생명은 결코 내 것만이 아니다. 나와 연결된 모든 이들의 것이고 내가 함부로 꺾어버려서는 안 되는 절대적인 것이기에 존귀하다. 또한, 희망은 어머니같이 살갑다. 비록 현실이 절망적일지라도 누구든지 어떤 상황에서든지 좌우 어디서든 촘촘히 박혀 대기하고 있는 희망을 살가운 내 어머니를 부르듯 불러보아야 하지 않을까.

나는 감히 그 남자의 울음에 U-보트의 함장만큼이나 단호해 지고 싶다.

'결단코 오늘만 우셔야 합니다.'

의암

바위는 승전고를 울릴 만큼 위엄을 갖추지도 않았다. 죽음까지 갈 것 같지 않은 거리에 있었고 강물은 얕아 보였다. 한 발 뛰기로 건너가며 전설 같은 역사를 찾았다. 바위가 강가에서 멀어지면 나라에 변란이 일 징조라는 전설이 전해진다. 바위 앞을 흐르는 물결이 잔잔하다. 그녀의 붉은 정열이 사랑보다도 강해서 물결도 잔잔한가. 바위 옆면에 의암이란 글자가 새겨져 있다. 숭고한 죽음이기에 강물마저 글귀를 드러내며 흐르는 것일까. 그때서야 산 증인을 만난 듯 전설 같은 역사를 버리고 의녀의 역사를 뜨겁게 안았다.

남강 바람이 설렁설렁한 날에 진주성을 찾았다. 성의 너른 뜰은 치욕스러운 역사를 잠재운 듯 평화롭고 강 언덕에 자리 잡은 촉석루는 대장부처럼 의젓하고 멋스럽다. 촉석루는 임진왜란의 패전이 아니었다면, 양반들의 유유자적한 삶을 한껏 누려보고 싶은 누각이다. 남강 바람이 나들이하듯 넘나드니 관광객 모두를 문사이게 하고 예술인이게 한다. 누각에선 관기 차림의 무용수들이 공연이 한창이다. 의녀를 욕되게 하지 않으려는 의도를 담고 있어서인지 몸놀림이 조신하다. 공연이 무르익어 관광객들과의 춤판이 벌어진다. 내가 기대했던 게 이것이었을까. 촉석루의 풍류만이 흥겹다가 끝이 난다. 의녀 논개의 충정에 대한 해설을 기대했건만 언급을 하지 않아 의아했다. 내가 해설시간을 맞추지 못했을까. 촉석루에선 그녀의 침묵만 느끼다가 나오고 말았다.

역사는 과거가 아니라 현재이자 미래란 생각으로, 오늘의 문제의식을 안고 미래의 바람직한 삶을 위해 과거의 사실에 뛰어들었다. 임진왜란을 당한 진주성은 승리를 자축하는 왜군들로 요란했다. 저들의 함성 뒤로 몸을 던지는 조선 장군들의 비통함이 남강을 뒤집었다. 굴욕 앞에 무릎 꿇을 수 없는 비장함의 최후였다. 남강에 투신한 장군 중엔 논개의 정부 최경회도 있었다. 멀리서 몸을 던지는 장군의 외마디가 숨죽인 소실의 정신을 깨웠는가. 임을 잃은 그녀는 이생에 대해 미련을 버리려 한다. 짧은 생애에 행복한 시절이 있었다면 음지에서 나눈 사랑이 전부였다. 그 사랑마저 가버렸으니 무엇을 위해 살 것인가. 임을 따라 자결이라도 해서 열녀가 될 텐가. 깊은 고심은 깨어나는 의식에 삶을 맡기기로 한다. 불행의 원천인 여필종부를 벗어던지며 남장을 한다. 대의를 위한 위장이다.

장군의 흔적을 찾아 진주성까지 숨어든다. 강물은 임의 육신을 삼키고 흘러간 지 이미 오래이나 임의 채취는 옥가락지에서 달그락거린다. 가락지 하나를 끼우고 또 하나를 끼운다. 열 손가락에 가락지 하나씩이 끼워지면서 밀사가 되고 의녀가 되어간다. 임을 향한 절절함이 속울음을 만들기도 했겠으나 대의가 그의 감정을 추스르게 한다. 저들의 축하연에 어울릴 아리따운 조선 관기의 모습으로 차려입고 승리에 취한 왜장 앞으로 나아간다. 왜장 게야무라 로쿠스케는 논개가 유인하는 대로 촉석루 아래 위암 바위까지 건너간다. 그녀는 옥가락지를 낀 양손으로 왜장의 허리를 감는다. 왜장은 미색과의 유희가 절정을 이룬 줄 알았을 테지. 지체할 수 없는 결연함이 깍지 낀 옥가락지에서 탄탄하게 맞물렸다. 이제 몸을 던지기만 하면 될 일이다. 굳이 임께로 가지 않아도 되었다. 욕되게 목숨 부지하느니 차라리 왜장과 죽어서 조선의 불운을 끊고자 함이다. 순간 왜장에게 몸을 온전히 실으며 남강으로 몸을 날린다. 조선은 자신이 누구인지 몰라도 되었다. 임을 향한 열녀가 아니어도 상관없었다. 오직 두 몸을 한 몸으로 엮어서 강물에 던지는 것이 그녀가 바란 대의였다. 푸른 남강은 깍지 낀 두 사람을 송두리째 받아들여 굽이치며 흘러갔다.

진주성을 무너뜨린 십만 대군은 그녀의 술수에 속절없이 당하고 말았다. 진주 백성들은 그녀를 높이 칭송했다. 그녀가 누구인지 아는 이가 없었으나, 수소문 끝에 전북 장수에 살던 논개라 불리는 최경회의 소실이었음이 밝혀졌다. 최경회가 남강에 투신했다는 소식을 듣고 관기로 위장해 위암에서 왜장을 끌어안고 투신했다는 것이다. 그녀를 의녀로 칭송하며 위암을 의암으로 고쳐 불러 논개를 추모했다. 그녀의 마지막 발돋움을 치른 바위는 왜장의 비명을 공중으로 쏘아 올려 촉하연을 아수라장으로 만드는 데 일조했다. 의암이란 호칭을 받기에 충분한 이유가 있는 바위였다. 그녀에 관한 구전은 분분하지만 의암만은 그녀가 의녀임을 아는 유일한 증거로 남아 있다.

의암으로 향하는 길이 좁고 경사가 져서인지 내려가 보는 이들이 많지 않다. 남강을 바라보는 촉석루의 바람과 흥겨운 공연만이 관광객들의 구미를 당기는 것일까. 전설 같은 그녀의 대의가 오랜 역사 속에서 빛을 잃어 가는 것일까. 촉석루는 문화재로서 뿐만 아니라 의녀인 그녀로 인해서 자리매김이 더 탄탄한 게 아닐까. 촉석루의 향연을 보는 것도 좋지만 의암을 돌아보는 일이 그녀의 붉은 충정을 가슴에 새기는 것이 되리라. 그녀를 기리는 옛 시인들의 시가 아니었다면 의녀의 숭고함은 우리 곁에 얼마나 남아 있으려나. 지방 전설 정도로 남을 뻔했을 그녀를 시인들은 시로 끌어올려 역사를 알렸다.

그녀의 가녀린 손가락 깍지는 두 몸을 엮었기에 충정이었다. 한 몸이었으면 누가 그녀를 의녀라고 칭했을까. 그녀의 푸른 마음을 아는 의암은 강물을 거스르며 뜨거운 역사를 알린다.

어둠이 어스름한 저녁녘에 부천 수주 변영로의 〈논개〉시비 앞에

섰다. 시를 읽고 탑돌이를 하듯 시비를 돌았다. 그녀의 결연함을 돌려놓을 수 없었던 의암의 고통이 나를 휘감는다. 발돋움을 허락한 침묵이 의암의 고통이다. 그녀의 충정은 시간이 흐를수록 내 안에서 푸른 남강처럼 흐르고, 의암의 당부는 내 안에서 바위처럼 단단해져 간다. 그녀의 거룩한 분노에 숙연한 결의는 단연 후손들의 몫이리라. 진실을 한 번 본 자는 결코 그것을 잊어서는 아니 되리. 이 과거로의 역사 체험이 내 운명의 지침을 얼마나 돌려놓을 수 있으려나. 그녀를 향한 경의의 탑돌이는 계속되었다.

청보리 패는 냄새

청보리 수염같은 비가 온다. 뜨듯한 부슬비다. 비는 청보리 패는 냄새에 사춘기의 짠한 냄새를 섞었다. 내 사춘기는 코뚜레를 메고 일하러 가는 송아지처럼 아버지를 따라 들길을 걸을 때 왔다. 부슬비에 젖은 땀내와 아버지의 지청구가 버무려서 청보리 패는 냄새를 질리게 했다. 나는 화낼 줄도 모르고 울 줄도 모르고 없어져 버릴 줄도 몰라서 짚 공같이 아파갔다. 청보리는 아버지의 땀 밴 적삼에서 피었다는 걸 훗날에야 알았지만, 청보리 수염 같은 비가 오면, 청보리 패는 냄새가 기억나면 지청구는 아버지의 사랑에 듬성듬성한 깜부기로 서곤 한다.

나는 아버지의 지청구에 무엇을 잘못하는지를 몰라서 허둥댔다. 온 식구들은 나를 재촉해서 아버지를 따라 들로 나가게 할 정도였다. 성인이 되었어도 그 시절 아버지는 분명히 나를 미워했다고 여겼다. 그 일에 관해서 얘기를 해 본 적이 없었기에 정말 나를 미워했는지는 모르겠다. 아버지의 바쁜 일손을 눈치껏 거들지 못해서 언짢으셨을 수도 있었겠지. 그 시기와 맞물려 아버지는 내게 그림 공부를 시켜주지 못해서 미안하다며 등을 쓸어주셨다. 나는 아버지를 바라볼 수 없었을 뿐더러 아무 반응도 할 수가 없었다. 아버지의 사랑과 내 설움이 뒤엉키어 청보리 패는 냄새를 몰아내려고 무진 애를 썼던 것 같다. 아버지는 내가 어떻게 느꼈든 간에 과묵하시고 온유하신 분이시다. 나 혼자 당치도 않는 사춘기 앓이의 한 조각인지도 모를 일이다.

젊은 시절 한양 천 리 이사를 와서는 삶이 어찌나 팍팍하던지 공중전화기로 아버지께 전화를 했다. 동전이 다 다를 때까지 다른 말은 못하고 울면서 아버지만 불렀다. 아버지는 황당한 내 울음보에 왜냐고도 묻지 않으시고 "그래그래"만 반복하셨다. '그래그래'는 아버지의 애간장이 녹는 소리였는데도 떼쓰는 아이처럼 불러댔다. 공중전화기 동전은 내게 해명할 기회를 주지 않았다. 그 밤에 아버지는 멀리 있는 딸의 울음보를 어떻게 떨쳐낼 수가 있었겠나. 어찌 그 한날의 속앓이로 끝낼 수가 있었겠나. 그날부터 아버지께 불효한 것 때문에 괴로움이 더했다. 1년여가 지나서 친정엘 갔다. 나도 아버지도 그런 날이 없었던 듯 티를 안 냈다. 저 좋다고 연애 결혼하더니 무슨 꼴이냐고 지청구를 열 천 번도 할 만한데 당신의 잘못이기라도 한 듯이 오롯이 숨기셨다. 그런 아버지께 깜부기 같은 지청구라니 이게 웬 투정일까.

기억은 참으로 외람되다. 아버지가 소천하신 지 십여 년이 지났건만 기억은 뭉텅뭉텅 달려들어 보리 패는 냄새를 뿌려 댄다. 사춘기는 어찌 이리도 오래도록 내 안에서 깜부기 타령을 하고 있을까. 이쯤 해서 청보리 패는 냄새의 실체를 되짚어 봐야겠다.

지청구는 나쁜 감정이 지배하고 있을 것이다. 사랑이라고 우기고 싶겠지만, 진실을 위장하려는 심사일 테지. 청보리 냄새를 타고 오던 지청구는 나의 상처이기도 하지만, 내가 아이들에게 뿌려댄 상처의 냄새이기도 하리라. 후회는 언제나 사건 뒤에 와서 선다. 아버지가 내 등을 쓸어주실 때보다도 더 늦은 후회다. 좀 더 일찍 깨달았더라면 그때보다 나은 인성으로 아이들을 키우지 않았을까. 깜부기 같은 지청구가 고개를 내밀기 전에 나쁜 감정을 추스를 수 있었지 않았을까.

내가 내 아이들에게 했던 지청구야말로 깜부기를 키운 꼴이다. 삶이 팍팍할 때마다 아이들에게 지청구를 퍼부었으리라. 시집살이 하는 며느리가 축담 아래 개한테 지청구를 퍼붓는 꼴이었을 게다. 고맙게도 아이들은 깜부기는 제쳐 두고 청보리 같은 사랑이었다고 말해 준다. 겨우 몇 마디의 아버지 지청구를 깜부기 밭으로 몰아갔으면서 아이들에게 했던 지청구는 어찌 그리도 쉬웠을까. 열 번 사랑에 지청구가 한 번이라도 깜부기는 자라고 말았겠지. 지들도 때때로 깜부기 같은 상처들이 구물거려서 얼마나 힘들까 싶다. 한 토막씩 꺼내는 상처들을 보듬어주며 아버지의 지청구는 새 발의 피라는 생각을 한다. 아들이 장가갈 즈음에 뭉뚱그려서 사과를 했다.

잘 키우지도 못했는데 청보리 같이 자라줘서 고맙다고. 지금도 아이들에게 했던 지청구가 떠오르면 깜부기를 댕강댕강 자르느라 청보리밭을 헤집는다. 할 수만 있다면 가슴뼈를 열어 지금의 사랑에 옴팡 담갔다가 꺼내주고 싶다.

도시공원 한편에 자라는 청보리를 본 날 꿈을 꿨다. 허리가 허물어진 아버지를 업었다. 아버지 허리는 비에 젖어 퇴비가 될 즈음의 보릿단 같았다. 아버지를 내려놨는데도 여전히 내 허리를 감고 있는 듯 묵직했다. 횡격막을 뚫을 듯 울컥거리던 울음이 아버지의 허물어진 허리춤으로 흘러드는 것 같았다. 잠이 깼는데도 흐느낌이 남았다. 해몽이 어떨지는 몰라도 아버지와 내가 터놓지 못했던 해묵은 사랑이 터져 흐르는 것이라 여긴다. 이제는 청보리 패는 냄새가 나를 괴롭힐 것 같지는 않다.

나는 요즘 손자들을 바라보는 할머니들의 심정이 되어간다. 청보리인지 깜부기인지 잘잘못을 분별하지 못할 것 같은 사랑이 가슴을 채운다. 버릇없는 자식을 만드는 지름길이라고 핀잔을 듣겠지. 길가다가도 어미의 지청구를 듣는 아이를 보면 어미의 눈치를 봐가며 아이에게 귀띔한다. 내가 했던 지청구에 대해 보상이라도 하려는 게 아닌지 모르겠다.

아버지는 자식들이 기특해 보일 때마다 하던 추임새가 있다.

"허 참! 우리 숙미가요"

아버지의 추임새에 자식들의 날개는 하늘을 날았다. 요즘 나는 사랑표현이 헤프다. 지청구보다 헤픈 사랑 표현이 아버지의 추임새를 들을 만하지 않을까. 아이들은 아버지의 삼베 적삼에서 나던 청보리 패는 냄새를 나의 헤픈 사랑에서 맡았으면 좋겠다.

두리하나

연어만이 강을 거슬러 오르는 게 아니다. 폭포를 거슬러 올라야만 할 소명을 가진 이가 있다. 영화 〈미션〉의 가브리엘 신부는 악기 오보에 하나만 메고 절벽을 오른다. 목숨을 걸고 절벽을 올랐으니 일차적 소명에 발을 들여놓은 셈이다. 자신의 출현을 알리려 오보에를 연주한다. 음색엔 두려움이 실렸다. 숲 속에서 스멀스멀 원주민들이 나타난다. 떨리는 심정을 오보에 연주에 감추며 그들의 눈치를 살핀다. 그들 또한 타인들에 대한 적대감이 크기에 몹시 경계를 한다. 오보에 소리에 신기해하는 그들 사이로 추장이 다가와 악기를 빼앗아 망가뜨려 버린다. 목숨을 내려놓을 때 도리어 두려움이 사라지는 걸까. 신부는 태연하니 저들의 처분을 기다린다. 경계를 푸는 원주민들의 눈빛은 연주를 원하는 듯하다. 슬그머니 망가진 오보에를 집어 들어 연주를 한다. 그때야 두려움보다는 원주민을 향한 소명에 연주가 뜨거워진다. 그들에게 심어 줄 신앙의 첫발은 무기가 아닌 음악이었기에 감동을 준다. 신뢰가 쌓여가며 신부의 소명이 펼쳐진다. 영화 〈미션〉의 첫 장면이다.

가브리엘 신부 같은 삶을 사는 소명자들이 있다. 탈북자를 돕는 천기원 선교사가 그중의 한 사람이다. 사업차 중국 출장 중에 일명 '꽃제비' 아이들과의 인연으로 탈북자를 돕는 소명자로 나섰다. 편안히 잠을 자고 풍요에 즐거워할 수 없는 고통이 그의 의식을 흔들어 놓았다. 그들과는 혈육도 친척도 아니며 어떠한 인연도 없었다. 왜 그들의 탈북을 돕느냐고 물으면 같은 동포의 고통을 알았기 때문이고, 그들을 사랑해서 좌불안석인 마음뿐이라고 말한다. 자신을 위한 삶의 모든 것을 내려놓고 선교사라는 소명 하나로 그들과의 접촉에 나섰다. 삼엄한 중국공안과 내부 고발자들과 북한 경비병들의 눈을 피하며 목숨을 건 모험이 시작되었다.

간간이 뉴스에서 접하게 되는 두만강 가에 널브러진 시체들은 탈북을 시도하다 목숨을 잃은 자들의 주검이다. 아이조차 울어서도 안 되는 탈출은 끝없이 이어진다. 겨우 강을 건너 중국으로의 탈출이 성공하면 인신매매꾼들이 접근을 한다. 그들에게 붙들린 탈북자들의 운명은 자신들의 것이 못 된다. 일부 여성들은 중국 시골로 팔려가거나 음성 사이트를 운영하는 자들에게 넘겨져서 감금된다. 목숨을 건 탈출이 무색하게도 인권이 상권에 남용된다. 음성 사이트를 이용하는 자들은 대부분 남한 남성들이란다. 같은 동포들인 남한의 남성들은 그들의 인권을 간접으로 유린하며 즐긴다지 않는가. 어렵사리 천 선교사와 연락이 닿으면 또다시 목숨을 걸고 탈출을 시도한다.

감금된 곳에서 탈출을 시도하다 떨어져 죽은 이가 있었다. 천 선교사는 정확한 위치파악을 할 수 없어 발을 구르는 중에 다른 탈북자로부터 이 소식을 접하고는 자식을 잃은 듯 슬퍼했다고. 탈출은 비밀리에 몇 개국의 국경을 넘어야만 자유의 몸이 된다. 숨소리조차 숨겨야 하는 공포와 밤에만 걸어야 하는 긴 행로에 탈북자도 인솔자도 탈진하고 만다. 저들의 자유와 안식만이 천 선교사의 소명이고 평안이기에 함께 고통을 견뎌낸다. 또한, 탈북자들을 돕는 중에 몽골 국경지대에서 중국경비대에 체포되어 8개월간 감옥살이를 했다. 흙바닥의 혹독한 추위와 실내 변기통과 모래 섞인 물 한 컵에 하루 두 끼 누런 밀가루 떡 덩이로 연명했어도, 탈출을 시도하다 잡혀간 열세 명의 탈북자들이 당할 가혹한 형벌이 천 선교사를 더 고통스럽게 했다. 7개월이 넘도록 가족의 면회도 안 될뿐더러 영사와의 면담조차 허락되지 않았다. 심문자의 거듭되는 질문은 왜 그들을 돕느냐는 거였다. 친척이거나 아는 관계가 아니라면 목숨을 걸고 이런 일을 할 리가 없다는 것이다. 상식적으로 맞는 말이지만 천 선교사의 소명을 이해하지 못했다. 사형선고를 받을 수도 있다는 소식을 접했을 때 본인뿐만 아니라 가족들의 심정이 어떠했을까. 12년형을 선고받았으나 미국 상하 양원에서 석방결의안이 나오면서 8개월 만에 벌금을 내고 추방됐다. 참으로 아이러니한 것은 심문을 하던 중국검사가 검사직을 그만두고 한국으로 천 선교사를 찾아왔다. 어떤 이념이 그에게 타인을 위해 목숨을 걸게 했는지 궁금해서란다. 선한 사마리아인의 선의는 또 한 사람의 인생행로를 변화시키는 역사를 가져왔다.

천 선교사의 '두리하나' 선교회 주관으로 거행되는 '탈북동포의 날'이 10주년을 맞았을 때의 일이다. 교회 여러 단체와 탈북에 힘을 싣는 자들이 참여한 가운데 탈북자들과의 만남과 북한 정부를 향한 성명서가 선포되었다. 천 선교사를 유대인을 구출해 낸 쉰들러 같은 선각자라고 소개했다. 쉰들러와 천 선교사의 행적이 교차하는 중에 작아지는 나를 발견했다. 교회에서 커피 한 잔을 사는 것도 탈북자를 위한 일인데 그 작은 일에도 소홀하지 않았던가. 기념예배가 끝나고 틈을 내서 탈북 소녀를 꼭 끌어안았다. 그 소녀에 대해서 아는 건 없지만, 신앙 안에서 밝게 살아가는 모습이 기특하고 또 미안해서 깊이 안아 줬다. 저들과는 자주 얼굴을 대하지만 정작 친숙하게 지내지는 못 했다. 그러한 관계가 서운할 거라는 걸 알면서도 성큼 다가서지 못 한다. 개인적인 성향 때문이라고 해명하기에는 내가 가진 사랑이 작아서가 아닐까.

탈북에 도움을 받은 자 모두가 천 선교사에 대해서 고마워하는 것만은 아니다. 때로는 불평을 하고 거짓을 말하고, 모함하기도 해서 뜻하지 않게 어려움을 겪는다. 사소한 오해가 그의 발목을 잡아 소명자의 역할에 걸림돌이 되기도 한다. 모세가 이스라엘 백성들을 종노릇하던 애굽에서 광야로 탈출시켰을 때, 먹을 것을 주든지 다시 애굽으로 돌려보내 달라며 모세를 원망하던 모습과 흡사해 보여서 공분이 일기도 한다. 그럼에도 불구하고 그는 모함이나 원망이 억울하다고 소명을 멈출 수 없는 일이라며 염두에 두지 않는다. 소명자의 역할이 그런 것일까. 어찌 인간적인 애통함이 없을까마는, 탈북을 요청하는 자들을 찾아 가시밭길에 나서는 것을 주저하지 않는 사람, 이런 사람이야말로 진정한 애국자이고 인류를 구하는 소명자이지 않을까.

미국 국회에서 탈북자들의 고통을 호소하고 미국인들과 재외동포들로부터 호응을 받아 그들을 탈북 시키는 데 발 빠른 행보가 이어진다. 우리나라 정부에선 탈북자들을 돕는 일에 직접적인 관여를 하지 않으려 하는 데다, 국민의 무관심이 난관에 부딪히기도 한다. 탈북자들이 남한에 와서 적응을 잘 못 하는 부분에 일조하는 셈이기도 하다.

오보에 하나만 들고 원시인들과의 접촉을 시도했던 가브리엘 신부는 그들과의 신뢰가 쌓이기까지 죽음의 공포에서 떨었다. 전 선교사 역시 죽음의 기로에서 오는 공포가 습관처럼 엄습하리라. 소명자로서의 길을 걷고 있지만, 보통의 성정을 가진 사람이기에 존경하지 않을 수 없다. 추방된 이후로 중국으로 직접 들어갈 수 없는 처지를 몹시 안타까워한다.

강을 거슬려 올라야만 했던 가브리엘 신부처럼 오늘도 탈북자들을 위해 절벽을 오르고 국경을 넘는 저들을 위해 뜻을 모았으면 한다. 통일이 되는 그 날까지 천 선교사와 같은 소명자들이 거슬러 오르는 절벽에는 둘이 하나 되는 생명의 꽃이 피어나고 있으리라.

웃음 머신

웃을 수 있는 순간만큼 행복한 삶이 또 있을까. 노인들의 웃음소리가 아이들 못지않게 화르르 살아난다. 노인대학 선생은 어르신들의 감정을 쥐락펴락하며 재미를 더한다. 제격이라는 말이 바로 저 선생을 두고 하는 말인가 싶을 만큼 능수능란하다. 선생의 말끝마다 학생들의 추임새가 들어가고 흐릿하던 눈망울은 유치원 아이들 마냥 반짝인다. 신체가 늙었다고 누가 마음까지 늙었다 할 텐가. 이러라면 이러고 저러라면 저러는 학생들의 순종은 칠팔십을 살아온 삶의 고집마저 허물어뜨린다. 아이들만큼 귀엽고 사랑스럽다. 선생이 부부간에 장난치는 장면을 재연할 때면 정말 그렇게 사냐고 반문한다. 선생의 행동으로 봐서 저들 부부의 사는 모습은 장난이 반인 듯한데, 학생들의 눈엔 드라마에서나 할 듯한 장난으로 보이나 보다. 설마 하는 할머니의 질문과 의아해하는 선생의 답변이 맞물리면서 또 한바탕 코미디가 연출된다.

학생들은 개그맨 같은 선생의 기지에 눈물을 닦아가며 웃어 재낀다. 손뼉을 쳐야지만 웃음이 제대로 터지는지라 주름진 손바닥도 더불어 바쁘다. 얼마나 유쾌한 인생인가. 살아오면서 버텼던 아집이 금방 사라질 리는 없겠으나, 자분자분 따라주는 모습에 감사가 절로 나온다. 가끔은 선생의 진행이 아슬아슬하기도 하다. 서로를 안아주는 척하면서 냄새를 맡게 한다. 청결을 가르치는 장면이다. 냄새는 뒷전이고 또 한바탕 소란이 인다. 다행히도 서로에게 냄새가 나지 않아서인지, 맡지 못해서인지 기꺼이 안아주고 칭찬해 주는 모습에서 안도하기도 한다. 더러는 허리가 펴지지 않고 지팡이를 의지해야만 발을 뗄 수 있지만, 몸의 움직임이 가능한 부분만으로 춤을 추고 노래를 하며 인생을 즐긴다. 선생의 능숙한 리더가 온몸에 웃음기를 퍼트려 즐길 수 있는 에너지가 만들어졌으리라. 육신의 약한 부분마저 행복으로 채울 수 있는 삶이기에 가을꽃 같은 웃음이 만발하다.

가을 어느 날 고속열차를 탔다. 햇살이 쏟아져 들어오고 차창밖엔 가을이 온갖 치레로 구경거리가 쏠쏠한 때에, 옆 좌석엔 중년부인 둘이서 속닥속닥 여행을 즐긴다. 정차를 하는 곳마다 일행이 늘어나는가 싶더니 어느 순간 대여섯 여인들이 얼싸안으며 반가운 마음을 주체치를 못한다. 기쁨을 감내할 수 없어 목 안을 긁듯이 웃어대며 입술을 틀어막는 장면이 도리어 시선을 끈다. 질펀하게 웃어 재끼지 못하는 순간의 안타까움이다. 오십 줄을 넘긴 동창생들이거나 고향 친구들과의 만남인 듯하니 오죽이나 설레고 반가웠을까. 가을 햇살이 놀랄 만큼 왁자한 웃음을 터뜨려야 제격일 텐데, 남을 의식해야 하는 교양 있는 중년들의 기쁨은 주체할 수 없어 몸이 구부려진다.

지켜보는 나도 미소가 저절로 번진다. 눈이라도 마주친다면 엄지손가락을 들어 보이며 훈수라도 들고 싶다. 교양에 걸려야 한다면 시공간을 초월하는 웃음 타임이라도 만들어줘야 할 것 같다. 옆좌석의 손님들은 리모컨으로 목적지까지 다 보내버릴까. 손뼉을 치고 발을 구르며 웃어 재길 때 삶의 찌꺼기들도 빠져나가는 것이리라. 중년의 삶이 어떠했던 웃음바구니가 질펀해졌으면 한다. 얼굴엔 그다지 평안한 삶을 살아온 것 같진 않으나 이 순간만큼은 지상 최대의 기쁨이고 행복한 모습들이다. 저들에겐 오늘의 목적이 실컷 노는 데 있으니 오죽이나 좋을까. 온종일 웃고 떠들고 하는 게 여행의 묘미일지도 모른다. 왜 나는 저들의 웃음에 이다지도 공감할까. 내 안에 풀어내지 못한 삶의 과제 때문일까. 목적이 있는 여정이 버거워서일까. 그 흔한 대리만족인지도 모르겠다.

웃음은 햇살같이 퍼트려야 제맛이지 싶다. 가을은 여행에 들뜬 중년들의 웃음소리를 묻혀 진한 색감으로 물들어간다. 웃음을 참지 못해 눈물을 흘리던 여인들의 여행도 삶의 무게를 덜지 않았을까. 웃음은 사람을 가장 아름답게 하고 행복하게 하는 것이리라. 누구나가 웃는 모습에 침 뱉지 못한다 하지 않는가. 환경이 어떠하든 웃음은 치료제고 명약이다. 노인대학의 개그우먼 같은 선생의 기지와 재담은 보배롭고, 학생들의 웃음보따리는 가을 하늘만큼 맑아서 더불어 행복하다. 열차 안 중년 여인들의 웃음이나 노인대학 학생들의 웃음이나 행복을 실은 웃음의 무게는 같아서 공평한 세상이리라.

재담꾼 선생은 오늘도 학생들을 웃음 머신에 태워놓고 흔들어댄다. 한번 터진 웃음을 멈출 수 없어 여기저기서 푹푹 터지는 웃음보따리로 또 다른 웃음이 질펀해진다. 세상에서 한자리하던 남학생들마저 KO 시키는 선생이 있어 노인대학은 날마다 웃음 파도가 넘실댄다.

추석 끝물에

반질거리는 산길에는 행복이 타박인다. 야산 둘레길을 추석 끝물의 푸석한 부부들이 차지했다. 가히 친숙해 보이지 않는 무덤덤한 부부들이다. 마치 열심히 걸어서 하루 일과를 끝내려는 작업자들 같다. 예전의 이상형과 현실을 분리한 표정들이다. 그 안에서도 꿋꿋하게 살아가는 것이 정인지, 앞서가는 남편의 어깨와 뒤처지는 아내의 걸음에서 묵은 정을 읽는다. 로맨스를 엮었던 시절도 아귀다툼하던 시절도 딱지처럼 접혀서 맞닿은 염려만 남았다. 아내의 느린 걸음에 귀 열어 둔 남편의 걸음걸이가 느긋해서 행복이다.

동네를 에두르는 부천의 성주산은 야산이라 하기에는 제법 높고 능선이 길어 산행의 모양새를 갖추게 한다. 산길에 접어들며 이어폰을 뺐다. 산속의 자잘한 움직임을 귀로 눈으로 담을 참이다. 둘레길 초입에는 시인들의 소리가 발길을 묶는다. 누군가는 이 길에 시를 써서 뿌리고 누군가는 뿌려진 시로 행복을 줍는다. 행복을 줍는 이들의 소득이 뿌린 자의 소득보다 풍성하지 않을까.

산밤나무 밑에는 아낙들이 풀숲을 헤집으며 밤을 줍느라 분주하다. 풀숲을 헤집는 소리가 늦가을 수북이 쌓인 낙엽 밟는 소리처럼 자박여서 듣기 좋다. 가파른 산길에는 한 남자가 우두커니 서 있고, 풀숲을 헤집는 아낙의 동작은 청설모만큼이나 날쌔다. 산밤을 줍는 아내를 기다리는 남편의 심기가 불편해 보인다. 시간을 더 끌다가는 버럭 소리라도 지를 기세이건만 아내는 아랑곳하지 않는 눈치다. 추석 끝에 소원해졌던 행복을 찾으러 왔다가 산밤으로 인해 도리어 행복이 어그러지려나. 남편은 부부만의 시간에 다른 어떤 것이 개입되는 것을 거부하는 듯하다. 작은 소득에도 그냥 지나치지 못하는 아내가 볼썽사나운 걸까. 그 욕구 속엔 대물림 같은 어미의 가족 사랑이 깔렸음을 귀띔이라도 해야 할까. 이왕에 아내의 수고를 치하하러 나온 날이니만큼 아내의 처신에 마음 한 자락 느긋하게 놔주기를 바라본다.

혹여나 아낙들의 싹쓸이가 산짐승들의 겨울 양식에 차질을 빚지 않을까 염려스럽기도 하다. 어딘가에서 이 광경을 지켜보는 산짐승들의 일손이 급해지게 생겼다. 청설모 한 마리가 풍성한 꼬리를 살랑대며 주위를 살핀다. 사람들의 눈길쯤이야 거뜬히 받아넘길 수 있는 배짱이 두둑한 녀석인 듯하다. 낮의 배회가 무리를 위한 파수꾼일까. 친숙해진 사람들을 보는 재미를 아는 것일까. 밤 작업지를 선택하는지도 모를 일이다. 밤 숲을 헤집는 아낙들을 힐끔거리며 늙은 소나무 등걸로 사라진다. 청설모의 배회를 본 것만으로 성주산 산행 치레가 넉넉하다.

둘레길을 벗어나자 사람들이 뜸해지고 여러 갈래의 샛길에선 망설여졌다. 사람들이 오기를 기다렸다가 지름길을 물었다. 산에서 만나는 사람들은 집성촌의 일가처럼 친절하다. 이들과도 다른 곳에서 마주친다면 서로에게 의심의 눈초리로 대하지 않을까. 자연과 더불어 산다는 것은 인간성의 회복임을 증명이라도 한 듯해서 흐뭇하다. 산에서 내려오니 노점상들이 틀어 놓은 노랫가락과 자동차 소음이 뒤섞여 다시 산으로 피신하고 싶어진다. 단 몇 시간의 고요한 산행으로 평생에 길들었던 소음이 새삼스럽다. 일터에선 적막을 없애느라 늘 라디오를 켜놓고 사는 일상을 무어라 해명할까. 도심 소음에 익숙했던 귀가 잠깐의 호사를 누렸음인지 생떼를 쓰는 듯하다.

다시 오를 수 없는 체력이기에 공원으로 들어서며 가을이 오는 소리를 들었다. 억새는 팔월의 진초록인데 꽃술은 화르르 타오를 듯 붉다. 사나흘 후면 활짝 피어날 기세이나 꽃술에게는 사나흘도 긴 시간처럼 진통이 느껴진다. 가을을 가을이게 하는 데는 쓸쓸함도 한몫한다. 가을의 낭만과 쓸쓸함은 공존을 원하는가. 어느 시인은 그대가 옆에 있어도 늘 그대가 그립다고 호소한다. 온전한 소유일 수 없는 공존이기에 그 쓸쓸함마저 싸안아서 낭만적인가. 스마트폰에 화살촉 나무에 물든 가을 소식을 한 자락 올렸다. 지인들은 사랑의 큐피드라도 맞은 듯 초가을에 물든 시어들로 융숭하다. 봄엔 꽃구경으로 쏘다니다가 가을에서야 속내를 들킨 시 밭을 일구려는가. 유난히 발그레한 시어들을 쏟아내며 가을 사랑을 갈구한다.

네 시간의 산행은 초가을 바람결이 소박해서인지 버겁지가 않다. 한쪽 산자락에 남은 햇살이 해넘이를 한다. 산행을 하던 이들의 먹장 같은 폐와 맞장을 뜨지 않는 성주산은 사람에 대한 소임을 다한 듯 열을 식힌다. 추석 명절로 소원해졌던 부부들이 둘레길의 필링으로 행복을 토닥이리라. 산밤을 줍던 부부도 산밤만큼이나 토실한 행복도 주워갔으면. 나의 초가을 심성도 제법 넉넉해졌다. 내친김에 오늘 밤 보름달을 산짐승들의 가을걷이에 흔쾌히 내어 주련다. 밤을 새우는 저들의 일손이 지치지 않게 별들의 풍류도 주문하리라. 변심한 봉이 김 선달 같은 내 호의에 청설모의 키득대는 소리, 저녁 햇살과 함께 나를 전송한다.

아빠 같이 가

아들은 아빠라고 부르면서 아버지로 대한다. 아들에게 아빠는 살갑게 대하기 어려운 존재인 한국의 아버지상이다. 아들이 군대서 첫 휴가를 나오더니 이제는 아빠를 아버지라고 불러야 할 것 같다기에 그러잖아도 아빠와는 진중한 대화만이 오가는 상태라 그러지 말라고 했다. 아들은 어른의 언어를 써야 할 나이라고 여겼기 때문이겠지만 아버지라는 호칭이 관계를 더 어렵게 만들 수도 있을 것 같아 만류했다. 딸하고 아빠와의 관계는 지나치게 살가워서 딸이 시집갈 때 혼수로 보내주겠다고 농을 칠 정도이나, 아들과는 어려서부터 포옹은 하지만 주절대거나 장난이 없어서 둘만의 공간은 언제나 진지하다.

요즘 TV 프로그램 중에 '아빠 어디가'라는 프로그램이 대세다. 인기 연예인 아빠들과 예닐곱 살 정도의 자녀가 오지 여행을 하면서 펼치는 다큐멘터리이다. 아이들의 순수하고 엉뚱한 표현에 웃음거리를 선사해 주며 시청자들이 공감하는 부분이 많아 인기가 높다.

젊은 아빠들과 자녀들은 삼촌 관계처럼 친숙하고 허물이 없다. 어찌 보면 티격태격하는 형제를 보는듯하다. 반면 나이가 좀 있는 탤런트 성동일과 아들 성준은 우리나라 전형적인 아버지와 아들이어서 재미로만 흘러버릴 수 없는 안타까움이 있다. 첫 장면에서 성준은 아빠와의 관계가 서먹하고 아빠의 호통에 기죽어 있는 아이였다. 엄마 뒤로 숨어드는 성준을 보면서 우리 아들과 아버지 관계를 보는듯해서 마음이 짠했다.

남편도 아들이 어렸을 적엔 TV 프로그램에 출연하는 젊은 아빠들 모습과 흡사했으나, 언젠가부터 엄한 아버지가 되어가고 아들은 그런 아버지를 어려워하게 되었다. 타이르고 야단치는 일이 잦아지면서 둘만의 대화는 늘 진지해져 갔다. 남편은 아들을 사랑하는 마음을 표현할 수 있는 방법을 찾다가 자기가 제일 좋아하고 잘하는 산행을 제의했다. 아들이 중학교 1학년 겨울방학 때 지리산을 종주하기로 하고 새벽마다 동네 야산을 오르며 맹훈련을 하더니 날을 잡아 길을 나섰다. 남편도 아들도 흥분된 상태였다. 둘의 인생에 그만한 좋은 기회가 없었다고 추억한다. 처음에는 둘 다 어색했단다. 아들은 아들대로 아빠가 어렵고 불편하기까지 했다고. 남편은 아들의 호칭을 이름으로 부르지 않았던지라 갑자기 아들 이름 부르기가 어색해서 늘 했던 대로 딸이 불렀던 '오빠야'라는 호칭을 썼단다. 아들은 자상한 아빠의 모습과 지리산을 훤히 알고 있는 아빠가 자랑스러웠다고, 남편은 남편대로 잘 따라 준 아들이

기특했다고 한다.

두 사람이 원한 게 그런 상황만이었을까. 둘이 엉겨 붙어 장난칠 수 있는 친밀한 관계까지 갔더라면 성인이 된 지금엔 친구처럼 삼촌처럼 살갑게 지낼 수 있지 않을까. 내게 보고하는 아들과 남편의 감정은 제대로 흘렀으나, 두 사람의 행동 기류는 여전히 가부장적인 아빠에 조심스러운 아들의 상태로 유지됐다. 직장 관계로 떨어져 살던 아들이 어느 날 아빠를 모시고 목욕탕에도 가고 메일을 주고받는 등 의도적인 노력을 했다. 아빠도 잘 따라주기는 했어도 어릴 때부터 진지한 상태의 부자지간이 쉽게 허물어지지 않았던지 그마저도 햇수가 줄었다.

성동일과 성준이가 둘만의 공간에서 지내는 동안 성준이가 예전의 아빠는 무서웠는데 이제는 그렇지 않다고 단언한다. "아빠 좋아, 아빠 좋아"라고 하는 성준이의 고백에 아빠 맘도 녹는다. 아들의 여린 무릎을 베고 아들에게 장난을 거는 아빠의 모습과 아픈 다리를 사정없이 빼버리고 웃어 재낄 수 있는 아들의 배짱은 엄하고 두려운 아빠의 모습을 걷어낸 살가운 부대낌이었다.

이 프로그램이 기대했던 게 저런 모습이 아닐까. 아빠와의 자연스러운 고백이 거리감 있던 관계를 허물고 여느 팀들과 다르지 않은 모습으로 흘렀다. 순수한 아이들의 행동이 재미를 더하고는 있지만, 성준이가 밝고 자신감 있게 변하는 모습이 내게는 더 큰 감동과 부러움을 줬다. 아마도 이 프로가 아니었다면 성동일과 성준의 관계도 우리 아들과 아버지 관계와 흡사했으리라.

우리나라 가부장적인 아버지들은 아들을 엄하게 훈계해서 바르게 키웠다고 자부하지 않을까. 반면 아들의 처지에서 보면 친구 같고 삼촌 같은 아버지상을 놓친 건 아닐는지. 우리 집도 딸바보 송종국과 마찬가지로 남편과 딸의 관계는 지나치리만큼 친숙하다. 나와 아들 관계 역시 철없는 티를 벗지 않은 아이같이 주절대고 연인같이 다정하다. 나와 딸은 인생의 동반자 같은 위치에 있다. 남편과 아들은 아직껏 인생의 숙제처럼 거북한 게 남아있어 당사자들뿐만 아니라 지켜보는 이들마저 안타까움을 자아낸다.

아버지와 아들은 서로에게 든든한 버팀목이지만, 때로는 서로의 발을 걸어 버팀목을 쓰러뜨리며 파한 웃음을 쏟아낼 수 있을 정도여야 밝고 건강한 부자 관계가 되리라 본다. 아이들이 사춘기가 되면 부모와 외식 자리를 피하려 든다. 이유가 여러 가지가 있겠으나 짐작건대 식사하면서 듣게 될 훈계 때문이 아닐까 싶다. 가볍고 편한 분위기에서 음식을 먹어야 함에도 부모들은 이럴 때 자녀에게 훈계하고 싶어 한다. 묵묵히 듣고 있다고 해서 그대로 따를 자녀는 많지 않다. 도리어 부모와의 외식 자리를 피하려는 마음만 커져간다. 일방적이지 않은 상태에서의 부담 없는 대화가 가족관계를 재미있고 친숙하게 만들어 가는 것이리라.

성동일의 아들 성준이가 아이들과 함께 장을 보러 가던 중에 돈이 든 가방을 잃어버렸을 때는 아빠의 반응 때문에 내가 더 아찔했다. 성준이도 내심 아빠의 호통이 걱정되었으리라. 아빠 성동일 역시 이런 프로그램에 참여하지 않았다면 예전의 모습으로 대하지 않았을까. 아빠와 아들이 함께 하는 날이 거듭될수록 쑥스러워하는 아들로부터 사랑 고백을 유도하는 아빠의 모습에 콧등이 시큰했다. 가부장적이고 엄한 아빠와 겁먹는 아들의 관계에 있는 가정이라면 부자만의 여행을 주선해보는 것도 좋은 치유가 될듯하다.

지금에 와서 아들도 남편도 살갑지 못한 관계에 어색해한다. 은연중에 남편은 나에게 아들과의 중재역을 맡기려 든다. 아이러니한 것은 아들은 상대가 귀찮아할 정도로 장난기가 심하고, 남편은 남편대로 누구에게나 장난을 잘 친다. 어쩌다가 부자간에는 그런 상태를 만들지 못했을까. 돌아볼 때 엄마인 내가 중재역을 자처하지 말았어야 했다는 자책도 해본다. 아들의 어렸을 적 꿈은 삼촌이 되는 거라고 했다. 동네 또래 아이들이 삼촌과 신나게 노는 모습이 무척이나 부러웠던 모양이다. 아들은 아직도 삼촌이 못됐다. 이제 결혼도 했으니 아들이 태어나면 같이 뒹굴면서 삼촌 같은 아빠이기를 바라고, 딸이 태어나면 딸바보 아빠로 살갑기를 바란다.

서울 맛도 추억 맛이다

나는 늘 서울 맛을 원하나 그는 늘 추억 맛을 찾는다. 어쩌다가 그와 서울 나들이를 하게 되면 먹을거리는 언제나 기대 이하다. 서울 맛을 느낄만한 곳으로 안내하기를 은근히 바라지만 기대에 미쳐 본 적이 별반 없다. 나는 지방 출신이라 서울 맛에 대해 기대를 하고 그는 서울 사람이라 추억 맛을 찾느라 들뜬다. 오늘도 그는 모처럼 서울 맛 나는 저녁 식사를 기대하는 내 마음은 아랑곳하지 않고 지하철 역사를 벗어나기 위해 미로를 헤맨다.

영등포역 뒷골목이다. 두리번거리는 그의 발걸음이 경쾌하기까지 하다. 뒤따르는 나는 점점 기분이 상해 간다. 그는 몇 골목을 접어 돌다가 드디어 찾았다며 얼굴이 환해진다. 동백집이란다. 곱창집 이름이 웬 동백집일까. 동백곱창집이 해마다 동백꽃 앓이를 하는 나의 2월을 치유라도 해 주겠다는 건가. 간판을 장식한 동백꽃 사진은 윤기를 잃어 이름값을 못한다. 40년 전통이라는 문구를 빛

바랜 동백꽃이 증명하는가 보다. 맘은 전혀 따라가지 않았으나 발은 어쩔 수 없이 계단을 올랐다. 그가 주춤한다. 너른 2층 식당이 텅텅 비었다. 저녁 시간인데 웬일인가. 거리엔 먹자골목을 누비는 인파와 7080 가요로 왁자하건만, 그가 추억 찾아 들어선 식당은 홀 서빙 아주머니가 빠져든 TV 드라마만이 큰 홀을 가득 메웠다. 아주머니는 의심 말고 들어오라며 요란을 떤다.

그가 모처럼 찾은 추억 집이라 마음을 꾹꾹 누르며 찬기를 주저앉혔다. 시큼한 총각김치 무를 베어 물 때마다 힘이 주어진다. 화난 마음을 총각김치에 누르다가 한마디 했다. 이런 곳에 따라 오는 건 오늘로 마지막이다. 그는 드라마에서 흘러 나오는 음악을 들이대며 음악도 좋고 분위기 있잖아 한다. 나는 열이 뻗쳤는데 드라마에 빠진 아주머니는 황홀경이 따로 없다.

일단 내 식성은 그와 다르다. 곱창이나 순대 같은 내장류의 음식을 즐겨 먹지 않는다. 비위에 거슬려 먹더라도 애를 쓰며 먹는다. 내일은 인천에 가잔다. 내가 좋아하는 분위기 있는 식당을 가주겠단다. 겨우 웃었다. 그는 서울사람이다. 서울을 나가기만 하면 20대 때부터 드나들던 추억 집을 찾는다. 청계천 곱창집은 나까지 주인아저씨랑 얼굴을 텄다. 고고 동창들은 삼십년이 지난 지금도 그곳에서 만난다. 1차 만남의 장소인 무슨 다방은 없어졌다고 했던 것 같다. 그 다방이 없어져도 추억은 결코 발길을 돌리지 않았을 텐데도 나는 애석해하는 마음을 읽지 못했다.

내가 지금까지 착각하고 산 것은 서울사람들은 추억이 없는 줄 알았다. 특히 그는 전학도 자주 다녔다기에 추억이 자리 잡을 새도 없지 싶었다. 그의 추억을 존중해주지 못해서 미안했다. 그러다 보니 늘 고향을 멀리 떠나 온 나의 추억만 꺼내어 수다를 떨고 그를 동행시키며 내 흥분에만 열중했었다. 오늘의 나처럼 더는 따라다니지 않겠다느니 하는 투정을 들어본 적이 없다. 그런 사실을 이제야 깨달았으니 나는 얼마나 염치없는 사람인가.

그의 학창시절 사진엔 재미진 게 많다. 서울 어느 산자락에서 여학생들과 기타를 치고 춤도 추며 찍은 사진도 있다. 그런 장면 속에 사는 건 추억이 아니고 뭐겠는가. 미처 생각해 보지 못한 그의 추억이 내 속을 빤히 보고 있었지 싶다. 도봉산 타령을 할 때도 창경궁 소풍 갔던 얘기에도 반응해주지 않았다. 창경궁엘 소풍 갔다니, 오릉으로 가는 소풍은 싫을 정도였다니. 서울 사람들이 누리는 추억이 부러워서였을까. 창경궁 너른 뜰을 내달리며 놀던 유년의 추억을 어째서 그의 추억으로 바라보지 못했을까. 청계천 계단을 걸으며 버스 값을 아껴서 핫도그를 사 먹었다던 추억은 얼마나 영악한 추억인가.

추억은 시골 출신들에게만 있다고 여겼던 무지로 인해 뒤통수가 후끈하다. 나를 향한 배려가 자신의 추억 맛 속에서 얼마나 꿈틀거렸을까. 어느 날은 그에게 일부러 추억 맛을 캐물었다. 아버지가 처음으로 사 준 자장면을 먹던 날의 추억을 들추며 신명이 났다.

불 꺼진 창 앞에서 어머니가 오시기를 기다리며 딱지치기를 했던 배고픈 추억도 서울 맛으로 한몫했다. 여자 친구의 집에 초대받아 갔을 때 상다리가 부러지도록 차려낸 음식을 한 술도 뜨지 않고 나와 버렸다는 얘기는 두고두고 나를 안심시킨다. 그날 잘 차려진 음식을 먹었더라면 그 집의 사위가 됐어야 했다나 뭐라나.

이제 서울을 갈 때면 그의 추억 맛을 찾아 먼저 선수를 치리라. 그는 영등포 뒷골목의 희끗희끗한 동백 간판이 걸려 있는 한 그곳을 가고 싶어 할 테다. 내 속은 그가 느꼈을 때처럼 맨송맨송할지라도 그의 아슴아슴한 추억 맛을 위해 기꺼이 서울의 뒷골목을 따라가리라. 눈 오는 날 인사동을 누비고 청계천 곱창 집을 찾아 "형저 왔어요." 할 때도 한 번도 보지 못한 아주버니를 만난 듯이 친숙한 인사를 나누리라.

가뭄

진초록 나뭇잎들이 칭칭 늘어졌다. 바람이 달갑지 않고 서로의 부딪침도 귀찮아 보인다. 자잘하니 많은 열매를 맺었던 앵두나무도 잎이 말라 간다. 연일 계속되는 가뭄이다. 백여 년 만의 가뭄이라고 한다. 농작물 피해를 호소하는 농부들의 목소리가 방송을 탄다. 도시 근교에 있어 밤낮으로 낚시꾼들을 끌어모으던 저수지마저 가장자리가 바싹 말랐다. 4대강의 물줄기는 다 어디로 흐르는 것일까. 정치권은 가뭄마저 끌어들여 네 탓 내 탓 공방의 물결로 팽팽하다. 정치 공세에 이용당할 가뭄이 아닌데도 탓만 하느라 매체들도 뜨겁기는 마찬가지다. 임금은 나라에 가뭄이 드는 것도 왕의 부덕한 탓으로 돌렸다는데 상대 탓만 하려 드는 정치권이야말로 애민 정신이 기갈 된 증표이지 않을까.

이무영은 〈기우제〉에서 이렇게 썼다.

"불만 그어대면 땅덩이 전체가 그대로 불바다가 될 형편이다. 식물뿐 아니라 인간이고 짐승이고 시들대로 시들었다."

그 말의 후반부를 이렇게 옮겨본다.

"영감도 작의도 필마의 기운도 시들대로 시들었다."

가뭄이 자연현상으로만 오는 게 아니라는 말이다. 글쓰기가 탄력을 잃으며 난제에 부딪혔다. 첫 수필집을 출간하고 속절없이 시간을 흘려보내며 작가의 일상으로 들어서지 못하고 있다. 문집을 내면서 이내 추스르지 못할 만큼의 에너지를 소비했었나. 너무 많이 쉬었는지 도통 글감이 손에 잡히지 않고 늘 고여 오던 글 샘의 줄기가 보이지 않는다. 이대로 더 세월을 보내야 하나. 하버드대 쿠퍼랜드 교수는 글이 되지 않을 때는 게으름이 최선이라 했다. 게으름의 기본은 어떤 상태일까. 게으름을 피울 수 있는 여유마저 갖지 못하고 조바심을 낸다. 창작의 감각과 흐름을 놓치면 회복이 힘들다는 선생님의 한마디가 제자 황상을 향한 정약용 선생의 호통처럼 크게 들린다.

정약용 선생은 애제자인 황상이 장가를 들면서 글을 소홀히 하는 것을 보고 심히 꾸짖는 서찰을 보냈다. 소견이 한심하다는 이유였다. 공부를 소홀히 하는 것을 슬퍼하고 탄식하는 선생의 서찰은 매서웠다. 제자에게 신혼임에도 불구하고 아내와 각방을 쓸 것을 강요한다. 아끼는 제자이기에 신혼에 빠져서 태만해진 그가 몹시도 못마땅했던 모양이다. 아예 산속 깊은 승방으로 들어갈 것을 강요한다. 황상은 서슬 퍼런 질책에 순순히 승복한다. 한 번쯤 머리를 조아려서라도 신혼을 허락받고 싶지 않았을까. 장남으로서 집안을 꾸려가야 할 책임은 어쩌란 말이냐고 반문을 할 수도 있었지 않았을까. 그럼에도 불구하고 제자는 기꺼이 아내와의 달콤한 신혼생활을 접고 승방으로 들어간다. 눌러앉을 이유를 선생의 서찰 앞에서 옹골지게 삼킬 수 있었던 것은 스승이 심어준 꿈에 대한 열망이 아닐는지. 젊은 청춘에 어찌 산새 같은 아내의 목소리가 귓전을 맴돌지 않았을까. 어찌 달콤한 신혼의 밤이 그립지 않았으리. 황상의 단호한 칩거를 보면서 그분의 각오로만 돌려놓을 수 없을 것만 같다.

선생님의 권면은 부드러웠으나 따끔했다. 외유내강이 이러할까. 장죽에 머리통을 호되게 맞은 기분이다. 출판기념회를 시끌벅적하게 하고 인사치레를 한답시고 돌아다니며 글공부를 소홀히 했다. 지인들의 칭찬은 가능성이지 진실 그 자체가 아닌 줄 알면서도 호평을 즐겼지 않았나. 이곳저곳으로 책을 보내며 수선을 떠느라 선생님의 장죽이 길어지는 줄도 몰랐다. 이카로스의 날갯짓이 이러했을까. 추락하는 심정으로 책상 앞에 앉았다. 선생님은 황상의 시를 기다리는 정약용 선생의 심정으로 내 글을 기다리신 듯하다. 거듭 다작의 흐름을 놓치지 말 것을 당부하는 한마디가 마른 심령에 흙먼지를 일으킨다. 쏟아져 나오던 글 샘에 물이 말랐으니 가뭄도 보통 가뭄이 아니지 않은가. 산방에 들어앉듯 자숙의 시간을 가져보려 한다. 칩거에 들어앉은 황상은 과제를 하듯 글을 읽고 시를 썼다. 나 역시 글을 쓸 때보다 글을 읽지 않을 때가 더 허기지지 않았던가. 칩거에 의미를 두고자 감히 황상을 불러들여 점검을 해본다. 습작의 가뭄 상태는 심각한 지경이다. 슬럼프가 아니기에 질책을 받을 일이었다. 이제 달콤한 출간의 신혼에서 깨어나야 하는 게 우선순위인 듯하다. 마음을 추스르고 교묘하게 그려진 핑계의 베일을 걷어내야 할 것 같다.

정부는 자연이 비를 줄 순간을 기다리며 대책으로 분주하다. 가뭄이 해갈될 기미를 보이지 않자 소방차를 동원해가며 긴급 처방책을 내놓는다. 저들의 수고가 헛되지 않기를 바라며, 손바닥만 한 구름 한 점이 해갈의 조짐으로 나타나기를 간구한다. 내 글의 가뭄에도 해갈의 조짐이 보이려나. 선생님의 짧은 권면에 황상의 승방에라도 온 듯 마음자리가 안온해진다. 이제야 내 속에서 나는 소리가 무엇인지를 알 것 같다. 가뭄으로 바닥이 드러난 마음 밭에 "나는 신인이다"라는 자숙의 문구가 어른거린다.

틈

차량 운행은 항상 불안을 일으킨다. 자신도 모르게 앞차와의 거리를 자꾸만 좁혀 댄다. 많은 차량에 끼어들기는 심하고 시간은 늦어져서다. 운전하다 보면 '성격 버린다.'는 말이 빈말이 아니다. 내 잘못은 늘 뒷줄에 세우고 누군가를 향한 원망은 앞줄에 세운다. 비좁은 나라에 사는 탓이란 자책도 잠깐뿐이다. 아침마다 평안을 해치는 불안 요소로 출근길이 긴장의 연속이다.

가끔 연세 드신 분들이 줄 서는 것을 보면 앞사람의 등을 예사롭게 민다. 자신들이 의식하지 못하는 행동이다. 앞사람의 눈총에 일순간 멈칫하다가도 같은 행동을 반복한다. 모든 것이 여유롭지 못한 시절에 남의 등 떠밀기는 불안이 길러 낸 쟁취의 행위들이었다. 하루의 끼니조차도 해결하기 어려워 술지게미라도 얻어내지 않으면 가족의 배를 채울 수 없었던 날이 많았다지 않던가. 요즘에도 그런 모습이 비칠 때면 짜증과 무식함을 비난하며 눈총을 준다. 그분들의 애씀이 없었던들 오늘날 우리의 모습이 결코 여유로울 수 없었을 텐데도 조금의 관대함을 기대할 수 없다. 그만큼 삶이 각박해져 있다. 나 역시도 그런 부류에 있음을 인정하지 않을 수 없다. 나도 모르게 적당한 사이나 간격을 요구하게 된다.

어느 종교단체에서 무료로 제공하는 아침 식사 시간이다. 할아버지 할머니들이 금방 꼬꾸라질 것 같은 몸짓으로 헐떡이며 뜀박질을 한다. 그분들의 번뜩이는 눈에는 차량의 행렬이나 건널목쯤은 안중에도 없어 보인다. 뒤처지면 낙오자가 될 것 같은 불안이 재촉을 하는가 보다. 한발 앞서지 못했다고 음식 제공이 안 되는 상황은 분명 아닐 텐데도 불안 심리가 평생과 더불어 왔었기에 이제는 성격이 돼버린 것 같다. 저분들의 힘겨운 삶에 공감하지 않을 수 없는 차량이 늦추어졌다. 지난날의 노고에 보상의 틈을 만들어 주려는 듯 여유를 가지려 애를 쓴다.

우리 집에는 강아지가 두 마리 있다. 한 마리는 오랫동안 자신이 막내딸보다 순번이 앞선다고 믿고 사는 12년 된 까칠한 꼬망이다. 다른 한 마리는 유기견을 분양받아 시부모님께 드렸다가 너무나 번잡스러워서 쫓겨 온 쿠키라는 푸들이다. 원주인인 꼬망이의 왕성한 텃세와 텃세 따윈 안중에도 없는 막무가내 애교쟁이 쿠키와의 신경전은 사람이 스트레스를 받을 정도다. 꼬망이는 가족들의 사랑을 독차지하기 위해 한 치의 양보도 없다. 밥그릇을 두 개 두어도 둘 다 차지하려 쫓아다니며 으르렁댄다. 한 달 정도가 지났을 때 꼬망이는 분주한 일상으로 심한 스트레스를 받아 몸이 바짝 말랐다. 쿠키는 어느 틈에 먹이를 챙겨 먹는 건지 살이 통통하니 올랐다. 쿠키에게 어떤 틈도 주지 않으려는 꼬망이의 불안이 도리어 자신의 건강을 해치는 결과를 낳았다. 동물적 본능이 주는 결과는 분명 이러하지만, 이성을 가진 사람의 행위 속에 드러나는 틈은 조절할 수 있지 않겠는가.

퇴근길 무진장 긴 차량 행렬에 끼어들기란 신경전의 극치다. 무조건 들이밀고 보자는 식의 끼어들기에 짜증이 나고 만다. 밀린 차는 신경질적인 경적을 울려대며 불화를 만든다. 끼어드는 차를 막기 위해 틈을 주지 않으려고 앞차에 바짝 다가서는 모습이 우리 집 강아지들 모습이다. 도리어 사고를 부를 수 있는 행위들이라 아슬아슬하다. 틈 메우기와 신경질적인 경적이 본인에게 도리어 스트레스를 준다는 사실을 인정하지 않는다.

양보는 내가 하는 것이지 요구가 아니다. 남보다 먼저여야 하는 상향의식의 불안을 떨쳐내면 선한 여유를 가질 수 있지 않을까.

요즘은 운전 중에 비상등이 주는 감사의 표현에 흐뭇한 순간을 즐긴다. 운전이 서툴다 보니 꽉 막히는 퇴근시간대에 내 차 앞을 끼어드는 차가 자주 있다. 일부러 양보를 한 것은 아니지만, 상대에게 여유롭게 양보를 해준 마음씨 고운 차가 되었다. 그랬더니 뜻밖에 예쁜 반응이 온다. 비상등이 보내오는 두어 번의 신호는 서툰 틈의 보석이 되어 빛난다. 부천의 어느 테크노파크 앞을 지날 때

특히 그러하다. 그분들이 혹시 이런 캠페인을 유도하는 것은 아닐는지. 그분들의 매너와 인성에 박수를 보낸다. 연말이 되면 한 해를 정산하는 각종 모임의 행렬로 시가지는 온통 차들로 붐빈다. 이러한 때에 상대에 대한 틈의 배려로 비상등의 행렬이 연쇄반응을 일으킬 수 있다면 얼마나 아름다운 세상이 될까.

틈이 주는 미학은 상대에게 감사를 선사한다. 앞사람과의 편안한 교감은 혼잡함 속에서도 질서가 있다. 비상등의 응대를 보며 너와 내가 공존할 수 있는 '사이'의 가치를 의식하는 사회를 꿈꾸어 본다. 간격에 대한 불안이 사라진 여유로운 시간이다. 넉넉한 차량 사이로 아스팔트가 빛난다. 선의를 뿌리는 보석 같은 반응들이다.

사흘 전

만물의 사흘 전은 침묵이다. 소란스러운 언어의 교차로를 차단한다. 침묵은 많은 의구심을 담고 있으나 범접하기 힘든 침묵이야말로 준비 완료인 상태다. 종종거리며 치달렸던 지난 시간도 사흘 전에서 급정거를 한다. 만물의 준비 완료에 숙연해져야 할 순간일까. 사흘 전이 손을 뻗어 왁자한 내 인생에 검지를 갖다 댄다. 피할 수 없는 준엄함에 옴짝달싹할 수가 없다. 잔꾀 한 올도 허락하지 않을 듯 도도하기까지 하다.

결과에 대한 기대와 불안은 사흘 전을 저울질 한다. 사흘 전이 주는 불안한 전율을 막고 싶은 시점이다. 인생의 터닝 포인트가 되는 사흘 전은 가슴을 서늘하게 한다. 시작도 끝도 중간도 아니어서 애매한 날, 그래서 걸쳐져 있기도 불안한 날이다. 그날이 오면 활시위를 떠날 줄 알기에 사흘 전에 흔들리는 눈빛은 안쓰럽다. 사흘 전은 마치 이별을 앞둔 순간에 차가 연착해서 동동거리는 기다림 같다. 불안의 운석이 툭툭 던져져서 돌무더기가 되어 가는 날이 사흘 전의 저울질이다. 기대를 하지. 다 잘 될 거야. 사흘 전은 기어이 마지막 아귀를 맞추었는데도 위태로운 정점에서 서성거리게 한다.

봄은 꽃봉오리들의 검붉은 열기로 아우성이다. 한 번만 더 힘써 주기를, 조금만 더 끌어주기를 갈망하는 열병이 숨을 멎게 한다. 함께 소리라도 질러주어야 하나. 발자국 소리를 죽여야 하나. 데일 듯한 열꽃이 간질이라도 할 듯하다. 만개하기 사흘 전의 위태로운 정점이다. 핏발선 눈자위가 사흘을 참아내기나 할까. 종기가 터질 듯한 순간의 붉은 색이고, 예민하기 이를 데 없는 사춘기 절정의 순간이다. 만개를 명령하는 총소리가 울리면 참았던 함성이 터질 순간을 위해 호흡마저 숨겼다. 새들도 머물지 않고 바람도 까치발을 드는 듯 고요하다. 그렇게 꽃이 피기 사흘 전의 장전은 완벽하다.

어릴 적 아카시아 잎사귀로 행운을 점치는 놀이를 곧잘 했다. 가위바위보를 해서 '아니다. 그렇다'를 외치며 아카시아 잎사귀를 뜯어냈다. 때로는 경상도 사투리인 '아이다. 기다'로 행운을 맞추며 엉터리 놀이에 심각해졌다. 아카시아 잎사귀가 무슨 운세를 맞출까마는 잎사귀 세 개가 남았을 즈음엔 여지없이 희비가 엇갈렸다. 딱 떨어졌을 땐 대단한 행운을 가져다줄 것처럼 흥분했고, 한 잎이 남았을 땐 불운이 구름처럼 몰려올 듯 근심에 쌓였다. 보물찾기에 행운이 따르지 않을 때처럼 남은 한 잎에 불운을 덮어씌우며 툴툴거렸다. 어린 마음에도 막연한 앞날에 늘 행운이 있기를 바랐던 것 같다. 인생에 사흘 전의 간절함을 비견했던 놀이였지 않았을까.

간절함에 절여 진 젊은 여인이 있었다. 이 년에 걸쳐 두 번의 허리 디스크 수술을 받았다. 당연히 수술결과가 좋았으리라 기대했으나 환자는 발가락 한 개도 움직이지 못하는 하반신 마비가 되어 있었다. 환자도 가족도 망연자실했다. 의료분쟁까지 가는 사태가 벌어졌다. 그나마 힘든 재활치료를 거듭했다. 그럼에도 불구하고 발가락 한 개 꼼지락거리지 못했다. 병원에서는 일 년여가 지나도록 차도가 없자 상체만으로 살아갈 수 있는 재활을 권했다. 온몸의 재활을 요구하는 것보다 과하도록 했으나, 급기야는 더 이상의 치료가 가능치 않다며 퇴원을 종용받았다. 의료비는 태산처럼 불어났다. 퇴원이 답이 아니기에 절망과 억울함을 누르며 재검진을 요구했다. 경추에 종양 덩어리가 있단다. 수술을 앞두고 그녀는 들떠 있었다. 종양이 신경을 누를 수도 있다는 진단에 실낱같은 희망을 걸었다. 수술 전날 밤 그녀는 잠 한숨 자지 못했단다. 불안과 기대가 저울질당하는 간절함이 잠 못 들게 했으리라. 수술 후 병실에서 만난 그녀는 사흘 전의 간절함을 발가락이 움직여지는 것으로 답을 했다. 걸음마 연습만 남았단다. 구름 한 조각을 보고도 큰비가 올 것을 아는 선지자의 예언에 사흘 전의 간절함이 응답을 받은 셈이다.

때로 인생의 사흘 전은 가름막 뒤에 웅크린 변수다. 팽팽한 긴장감이 돌 즈음 가름막은 황당하기 그지없는 변수를 던진다. 사흘 전의 변수에 뒤통수를 맞은 날이 있었다. 아들의 결혼예식을 앞둔 사흘 전이었다. 일반적인 절차가 끝나가고 있을 즈음 아들과 의견대립이 팽팽해졌다. 지방에 사는 아들과 며느리가 결혼 전날에 올라오지 않고 당일 새벽에 도착하겠단다. 의견 대립은 온 가족의 예민한 신경에 불을 질렀다. 사흘 전 가름막 뒤의 변수에 얼마나 당황스러웠던지 지금 생각해도 아찔하다. 눈이 퀭한 애들이 당일 새벽에 도착하고서야 변수가 멎었다. 지들도 우리도 밤을 꼬박 새우고 예식을 치렀다. 다행히도 예식은 순조롭게 치렀지만, 그때 사흘 전의 변수는 종잡을 수 없는 장마철 여우비 같았다.

인생의 내리막길이 보이기 사흘 전은 객기 한 번 부려 볼 만한 시점인지도 모른다. 사흘 전이 흠칫 놀라려나. 희망은 사흘 전보다 한발 앞섰으니 손 한번 뻗쳐 볼만도 하지 않을까. 어릴 적 가위바위보를 하며 아카시아 잎사귀를 뜯어내듯 꿈의 잎사귀를 잡고 가위바위보를 하는 중이다. 간절해서일까. 꿈을 입 밖으로 흘릴 수가 없다. 오아시스가 나타날까. 쓴 우물이 있을까. 침노만을 기다리는 사흘 전은 내 인생의 또 다른 다림줄이 되었다. 불안이 기대를 흔들어대는 바람에 숨 고르기가 쉽지는 않다. 과한 욕망이 헛기침을 해댈 때는 스스로 부끄러워도 한다. 온전한 꿈을 이루지 못하더라도 후회는 않으리라. 사흘 전의 치열함을 꿈꾸었다는 것만으로 행복이라 여겨도 족하리. 그때쯤엔 사흘 전의 도도함에 기꺼이 수긍도 하리라.

때로는 삶이 맹물같이 심심하기보다는 팥빙수 같은 맛이기를 원한다. 주재료는 맹물 덩어리 얼음이지만 살얼음만으로는 팥빙수로서의 화려한 맛을 못 낸다. 수북이 쌓인 살얼음에 자잘하니 모양을 낸 찰떡과 미숫가루가 뿌려지고, 달짝지근한 팥 알갱이와 오색 젤리가 얹히면, 멋 내기 소스가 살얼음을 흘러내려 팥빙수로서의 모양을 갖춘다. 꽃잎 같은 숟갈로 성성 거려서 한 술 떠먹었을 때의 호사야말로 팥빙수 같은 삶이 아닐까. 청풍호 유람선은 순항이기는 해도 팥빙수 맛은 아니지 싶다. 화려한 팥빙수 맛에 비하기에는 항해가 너무 심심하지 않은가.

4 애기똥풀 꽃

장남 눈사람

조선의 마음, 부천의 마음

연분홍 치마

비가 내리네

순항

애기똥풀 꽃

옹이

웃자라는 달에

물안개와 춤을

말풍선 문학

장남 눈사람

탄성이 제값을 하는 날이다. 눈이 잘 오지 않는 아랫녘 폭설 소식으로 스마트폰이 들썩인다. 지인들이 찍어 올리는 설경은 어디든 화보 같다. 뉴스에선 갑자기 내린 폭설로 빠른 제설작업이 이뤄지지 않아 교통이 마비되고 사고가 속출한다는 보도이나, 눈 때문에 겪는 불편쯤은 당연한 듯 설경에 한껏 부푼 모습들이다. 별별 표정의 눈사람 사진은 단연 오늘의 주인공이 되었다. 눈에 지쳐있는 윗녘 사람들의 시선은 새삼스럽다. 눈의 추억을 들춰내는 저들의 열정이 부러워진다.

새해 새벽에 큰 눈이 왔다. 주차장의 차들은 눈을 맞은 장독대처럼 나란히 잠들어 있다. 아직은 아무도 눈을 털지 않아서 흠집 내기가 미안할 정도다. 장갑 낀 손으로 눈을 긁어모았다. 남편 눈사람을 만들어 볼 참이다. 여태껏 남편 속에 웅크린 고통을 어떤 모양으로든 건드려 보지를 못했다. 눈사람이라도 만들어 볼 엄두를 낸 것은 최근 들어 한껏 담담해진 모습이 보여서다. 몸집은 실제보다 튼실해야만 한다. 굴리는 대로 달라붙는 눈덩이가 단단해져 한 아름의 몸집이 만들어졌다. 군데군데 묻은 얼룩을 긁어냈다. 얼룩은 남편의 가슴에 오래도록 살쾡이처럼 살고 있는 고통 같아 깨끗이 긁었다. 흰 눈 뭉치로 새살을 보호하듯 퉁퉁 쳐서 땜질을 했다. 몸집은 솔가지 하나 쑥 집어넣어도 허물어지지 않을 만큼 단단해졌다. 한순간에 차남에서 장남이 돼버린 남편의 몸집 위에 작은 눈 뭉치의 가족을 얹었다. 이십 대에 장남이 된 남편은 어설프게 굴렸던 눈 뭉치 같았다. 바람이 훅 불면 와르르 무너질 것 같았고, 발길에 차이면 내장을 쏟으며 쓰러질 것 같았다.

남편은 신전 같은 형을 잃은 자리를 어떻게 메워나가야 하는지를 몰라 헤매었다. 분노로 피눈물을 뿌리다가도 말똥구리처럼 눈을 뭉치며 가족들의 몸집이 되어 갔다. 장남 치레는 사춘기 질풍노도보다 오래갔다. 옳든 그르든 가족이 당하는 사건에서는 남편 속에 웅크린 분노가 표출됐다. 가족애라기보다는 두려움인 듯했다. 또다시 누군가로 인해 가족을 잃을 수 없다는 방어책이리라. '이럴 때 형이면 어떻게 했을까.' 장남 역할에 대한 몸집 불리기에 따라다니던 물음표다.

우리 부부가 삼십년을 넘게 살아도 남편의 핸드폰 단축키 1번은 자리 양보를 하지 않는다. 남편의 몸집 위에 사는 우리 집 전화번호가 무조건 1번이다. 당연히 단축키 1번이 아내의 자리라 여기는 지인들은 의아해하지만, 나는 장남의 앙다문 몸짓을 알기에 못

본척한다. 남편은 봄 햇살 앞에서도 몸집을 쉬이 녹이려 하지 않았다. 찔러 논 솔가지가 뽑혀 나갈세라 바람으로라도 막으려는 남편이다. 견고함을 풀지 않는 남편은 사는 목적이 행복이기 이전에 지킴이 같다. 한 치도 물러설 수 없는 장남의 손발은 핏줄기가 도드라지도록 버티고 있다. 노환의 아버지가 소천 하셨을 때도 장남은 울지 못했다. 자식을 셋이나 잃은 구순 어머니 앞에서, 이십 대부터 아픈 여동생 앞에서, 아내와 자식들 앞에서 장승처럼 버텨내야만 하는 장남으로 서 있다.

남편 눈사람의 그늘이 푸르다. 푸른 그림자에 깃들인 파리한 슬픔은 여전하다. 청솔가지처럼 뻗친 고통이 회리바람처럼 눈사람을 맴돈다. 남편에겐 봄날이 와도 날려 보내지 못하고, 늙어도 늙지 않아 고통인 아이 하나 있다. 브룩실즈를 닮았다던 여동생으로 인해 장남은 사철 푸르게 슬프다. 남편 눈사람에게서 잘라버릴 수 없는 그늘이다. 그늘이 옅어졌다가도 짙어지기를 거듭하며 남편의 가슴에서 그늘져 있다. 남편 눈사람의 푸른 그늘은 나의 그늘이기도 하다.

남편 눈사람을 만드는 내 손길이 다부져간다. 다독임만이 푸른 그림자를 대신할 수 있으리라. 손이 얼얼하도록 남편의 몸집을 다독이고 가족의 몸집에 솔잎을 붙여 입꼬리를 올렸다. 남편의 몸집에 얹힌 가족이 웃는다. 비로소 남편의 몸집도 따라 웃었다. 남편 눈사람은 그렇게 새해 아침을 맞았다. 지나가던 아파트 주민이 눈사람을 보고 한 말씀 하신다. 새해 아침에 눈사람이 웃었으니 아주머니의 올 한해가 행복하시겠단다. 나도 눈사람의 웃음을 받아 새해 복 많이 받으시라고 목청을 높였다.

아랫녘 폭설은 추억 속에서 뽀드득댄다. 눈의 불편함보다는 환희가 우선이어서 행복이다. 장남 눈사람이 겨울 햇살에 눈이 부시다. 햇살이 눈사람을 다 녹인 데도 괜찮다. 이젠 몸집 가벼워진 남편의 눈사람이 가족보다 먼저 웃을 수 있을 날도 기대해 보련다. 푸른 그림자가 햇살을 보게 해준 스마트폰 속의 눈사람들이 고맙다. 나는 또 누구의 눈사람을 만들어서 웃게 할까.

조선의 마음, 부천의 마음

땅거미가 질 무렵 오래된 골목을 끼고 돌아 고강동 산기슭에 이르렀다. 밀양 변 씨 조상 묘소 입구에서 수주 변영로 선생 기념비를 발견했다. 기념비는 흠칫 놀랄 만큼 작은 데다 주위를 에두르는 보호막도 없다는 게 의아했다. 우둘투둘한 길섶에 서 있는 기념비가 뜬금없어 보인다. 기념비는 보호받지 못하는 외곽지대 같다. 변 선생 집안의 후손이든 부천시에서든 관리는 하고 있을 테지만 어쩐지 위태롭기가 그지없다. 그나마 무궁화 꽃이 새겨진 튼실한 석반이 선생의 기념비를 받들고 있다. 기념비 곁에서 사진 한 장 찍을 수 있는 공간마저 마뜩잖아 엉거주춤한 자세로 사진을 찍었다. 주위 보호막이 없는 덕에 나 같은 신출내기 문학인을 대뜸 맞아준 셈일까. 작으나 결코 작지 않은 선생의 기념비를 쓸어본다. 선생의 주옥같은 시어들이 기념비를 지키는지 길섶도 마다치 않는 듯 의연하다.

산길로 접어드니 밀양 변 씨 조상 묘소 한편에 자리한 수주 선생의 묘소는 후손들이 기릴만한 모습을 갖추고 있어서 내심 마음이 놓였다. 문학을 한답시고 선인의 묘소를 찾으면서 꽃 한 송이도 준비 못 한 것이 마음에 걸렸다. 주위에 있는 떡갈나무 가지를 석분에 꽂아놓고 묘비에 새겨진 선생의 '생시에 뵈올 님을' 시를 묵상하고 핸드폰으로 찾은 '조선의 마음'을 읊었다.

언제쯤에나 선생이 지향하려던 조선의 마음에 설운 마음이 걷힐까. 선생의 묘소 앞에서 읊은 시 조선의 마음이 어스름만큼이나 어둑하다. 문학을 한답시고 웅얼거렸던 시어들이 '조선의 마음'에 모이며 허접스러운 나의 국가관에 돌직구를 날린다. 조선의 향방을 몰라 헤매던 선생의 설운 마음을 한 자 한 자 되짚고 보니, 애국도 애향도 등한시한 터라 도망자처럼 마음이 켕긴다. 내게 있어 애국은 뭐였을까. 국가들과의 스포츠 경기 때나 아득한 하늘가에 있을 법한 '조선의 마음'을 끌고 와서 소름 돋우던 정도였지 않았을까. 이런 내가 어찌 문학을 한답시고 '조선의 마음'을 읊조리며 폼을 잡았을까. 굳이 변명이라도 할라치면 온갖 현대화에 발맞추어 사노라고 빽빽한 버들가지 틈 한번 해쳐 보지 못했노라고 할 판이다.

삼십여 년 전에 부천으로 이사를 왔다. 타향이라는 이름을 단 부천은 내게 애살스럽지가 않았다. 오랫동안 고향 타령만 하다가 늦깎이 문학인으로 입문하고서야 내가 사는 부천에 대해 생각해 보았다. 중앙공원에 있는 수주 선생의 '논개' 시비 앞에 서던 날 비로소 부천에 사는 문학인이라는 긍지가 생겨났다. 시를 몇 번을 읽고 사람이 뜸한 순간에 시비를 돌았다. 상층이 넓은 시비에 머리를 부딪쳐 가며 탑돌이를 하듯 거듭했다. 어쭙잖게도 '논개'의 강낭콩 꽃보다도 더 붉은 조선의 마음이 내 마음에 흐르기를 바랐다. 남강을 뒤집으며 조선의 설운 마음을 끊어버린 그녀의 충정이 내 속에 흐르기를 바랐다. 주변에만 안주하고 살아온 내가 시비 돌이 몇 번으로 그리 쉽게 충정으로, 애국으로 뒤집힐 리가 만무했다. 겨우 애향심이 싹트려는 순간에 오지게도 큰 품을 바랐던 우매함이라니. 나의 얼치기 같은 시비 돌이는 '논개'의 충정이 얼마나 붉었는지를 안 것으로 만족해야 했다.

언젠가 봄바람이 촉석루를 설렁대던 날 '논개' 바위로 훌쩍 뛰어 건너갔다. 임진왜란 당시로써는 남강 물결에 사람이 떠내려갈 정도였겠지만, 최근엔 수위가 낮아져서 한 발 뛰기로 건널 수 있었다. 책에서만 봤던 '의암'이란 글자를 찾느라 바위 옆면을 살폈다. 한 면에 또렷이 자리를 잡은 '의암'이라는 글자가 보였다. 역사의 한 페이지가 내 눈앞에서 펼쳐지는 순간 역사의 진실 앞에 숙연해졌다. 그녀의 충정이 얼마나 깊었으면 왜장을 끌어안고 강물에 몸을 날릴 수 있었을까. 수주 선생은 그녀의 충정을 시로 남겨 조선이 지향할 마음을 찾으려 했음일까. 그녀에게서 조선의 마음을 찾았음일까. 나는 그녀의 마지막 발돋움을 기억하는 '의암'을 주제로 수필을 써보기도 했지만, 그녀의 충정에, 수주 선생 조선의 마음에 한 발짝도 다가서지 못하고 겉돌기만 하는 소인배로 남았다.

이제 소인배인 채로 수주 선생의 탄생지인 이곳에서 삼십여 년 동안 겉돌았던 부천의 마음을 헤아려본다. 부천을 부천이게 하는 이들이 곳곳에 있음도 알아간다. 나름으로 선인들의 설운 마음을 외면하지 않으려 '조선의 마음' 한편에 부천의 면면을 졸작으로 싣는 중이다. 굴포천 줄기 따라 부천의 속살을 조금씩 만져간다면 언젠가는 조선의 마음에도 다다르지 않을까. 조선의 설운 마음에 곁가지 하나라도 만져 줄 수 있는 문학인이 되고 싶다.

부천에는 수주 선생을 기리는 문학제와 복사골 축제로 부천의 마음을 한껏 뽐내는 장이 열린다. 해마다 장마당은 들썩이는데 수주 선생 기념비는 주위의 보호막 없이 길섶에서 언제까지나 버텨줄 텐가. 산사태에라도 뚝심 있게 서 있으려나. 조선의 마음에 부천의 마음을 얹어 수주 선생의 기념비가 오래도록 보전되기를 바라본다.

연분홍 치마

"야야 며느리 산고달인데 내가 눈을 감거들랑 봉기 오지마라 너희 식구 다 오지마라"

병석에 계신 친정어머니께서 힘껏 쓰신 쪽지 편지다. 가슴에 멍울이 진다. 내게는 유서가 될지도 모를 글이다. 봉기는 내 아들이다. 며느리 산달과 어머니의 운명이 맞물렸다. 혹여 당신의 부음이 증손녀 출생에 부정이라도 탈세라 떨리는 손으로 쪽지에 금줄을 그으셨다. 글씨체가 금줄 친 새끼줄마냥 얼기설기 넌출 거린다. 어찌 멀리 있는 딸을 한 번 더 보고 싶지 않으시겠나. 어찌 증손녀를 한 번 안아보고 싶지 않으시겠나. 예견된 일이지만 간당간당하며 옥죄던 고통이 쪽지 편지에서 펴질러졌다.

의사의 진단이 몇 번이고 빗나갔다. 받는 연락마다 가슴이 철렁 내려앉았다가 또다시 짜랑거리는 목소리를 듣는다. 병원에서 내린 삼 개월 선고를 넘기고도 4개월이 지났다. 어머니를 보내드려야 하는 절차는 이미 밟았다 싶었으나 여전히 순간마다 아찔하다. 병구완하는 여동생은 어머니 생명 변화에 식겁을 거듭한다. 발달한 의술에 어머니의 강한 의지력이 생명을 연장한다는 의사의 진단이다. 어머니는 죽지도 않아서 지겹다 하신다. 죽음은 진심이 아니셔도 병석은 어머니를 지겹게 했다. 여동생은 지쳐가고 의좋던 자식들 간에 투정이 스멀대기 시작했다. 긴 병에 효자 없다고 눈물을 섞으며 불효를 수긍하기도 했다. 내 불효는 떼놓은 당상이다. 어쩌다 가서 뵈면 멀리서 왔다고 내 앞에선 넋두리도 않으신다. 날마다 요구받아주고 병구완하는 여동생 앞에서 더욱 면목이 없다.

어머니께 가봐야 하는데도 일 처리에 쫓아다니다 차를 들이받으며 허둥대던 날 밤에 어머니는 가셨다. 후회가 온몸을 후려쳐서 출발도 못 할 밤을 휘저으며 동동거렸다. 왜 남편이 원망스러웠을까. 공항에서 두 시간 반을 기다려 아침 비행기를 탔다. 며칠 전 꿈 생각이 났다. 건강한 어머니는 내가 친정 왔다고 찬거리 준비하러 나가시더니 그 길이 나와는 이별이었나 보다. 늘 짠한 딸의 모습을 품고 가시지나 말았으면.

이제 어머니는 가셨다. 봄 햇살이 고른 어머니의 남새밭에선 연분홍 치마가 불길에 얹혔다. 담담한 척하는 언니의 손놀림에 치맛자락이 탄다. 어머니가 즐겨 입고 나들이를 하셨던 옷이란다. 쪼그리고 앉아서 꺼이꺼이 울었다. 연분홍 치맛자락이 스멀스멀 타들어 가는데 치마폭으로 기어드는 내 울음이 깊다. 여동생은 울음을 흩으려 남새밭을 배회한다. 병구완에 유난했던 애라 어머니의 흔적이 타버리는 것을 차마 볼 수가 없었던 듯하다. 연분홍 치마는 산수화 몇 송이의 배웅을 받으며 굳은살 박인 남새밭을 영원히 떠났다.

내 울음에 감겨드는 설움을 어이할까. 그 치마 입고 우리 집에 한 번만 오셨으면 좋았을걸. 그 치마 입은 모습을 한 번이라도 볼 수 있었으면 좋았을걸. 이유는 많았다. 우리 집이 멀지 않았나. 살림이 변변치 못하지 않았나. 농사일로 바쁘시지 않았나. 오래도록 아프시지 않았나. 오실 수 없는 날들이 여러 이유를 만들며 세월을 넘겼다. 내념 봄이면 오시겠다고, 가을걷이가 끝나면 오시겠다고. 늘 주시는 희망 끝에 아버지도 어머니도 내 집 문설주를 넘어보지 못하고 가셨다. 그래서 나는 불효다. 어머니는 얼마나 아쉬웠을까. 딸을 볼 수는 있었어도 사는 것을 못 봤으니 늘 내가 짠한 딸일 수밖에 없었으리라. 나더러 얼굴에 살이 붙었다고, 살만하니 살이 붙었을 것이라고 마음을 놓으셨단다. 어머니의 위안이 내 위안이 된 것으로 설움이 접어질까. 어머니가 의식이 설핏 들던 때에 누군가가 했던 고백을 나도 했다. 엄마 딸이어서 행복했노라고. 그 말이 효도였기를 기대해도 되려나.

유품 중에서 한지에 쓴 글 뭉치는 내 차지가 되었다. 한지를 길게 접어 세로로 쓴 언문이다. 글깨나 배운 이웃 동네 사람들까지 돌려가며 읽었다는 글 뭉치가 한 아름이다. 빌려 간 사람들이 가져오지 않아서 돌보미 아주머니를 보내서 받아오게 했단다. 마당가에 모여든 동네 어르신들 앞에서 소리 내어 읽었다. 기러기가 강물에 그림자를 만들며 날아오를 때 가을 강물이 깊었단다. 84세 때 쓰신 글은 어느 여인이 신혼에 기막힌 이별을 한 내용의 소설이다. 남편이 돌아오지 않는 나날의 감정을 여러 문장으로 의문을 던지며 여인의 설움을 펼쳤다. 어머니가 쓰신 규방가사 같은 글을 자식들이 여러 편 갖고 있다. 어머니의 두루마리 글 뭉치가 누름돌이 되어 묵직하니 가슴을 누른다. 어머니 글의 참맛을 잃지 말아야 할 일이 누름돌의 지령이다. 이 모든 글이 마지막 어머니의 찬 얼굴을 만진 내 손안에서 온기를 찾을 수 있게 애를 쓰리라.

장례절차가 끝나고 조의금 일부가 어머니 이름으로 비축이 되었다. 기부재단인 셈이다. 놀랄 만큼 발품 넓은 제부의 배려는 가족 모두를 행복하게 했다. 오빠의 염려와 형제간의 수고가 사랑으로 매듭지어졌다. 어머니를 보낸 허탈한 마음을 추스를 수 있는 계기도 되었다. 후손들에게 전달 될 기부금에 미리 기쁨을 나누며 대상을 지목하기도 했다. 어머니의 작은 체구는 사랑의 끈을 길게 이어가실 것이다.

어머니의 글이 재탄생할 책 표지엔 연분홍 치마를 입혀드리고 싶다. 어머니의 품새를 닮은 책이 자녀들 집으로, 지인들의 집으로 나들이를 갈 때 연분홍 치맛자락에 감기는 봄바람도 신명이 나리라. 비록 우리 집에 오시지는 못했지만, 연분홍 치마 같은 글 뭉치는 나랑 밤을 새워가며 속 깊은 얘기를 나누리라. 어머니의 책이

출간되는 날엔 연분홍 치마에 감기던 내 설움도 말갛게 치유되어 있으리라.

쪽지에 적힌 어머니의 글씨체가 물속처럼 흔들린다. 보고 싶은 마음을 다스리느라 손사래를 치셨을 모습에 또 가슴이 뻐근하다. 어머니 책엔 내게 주신 마지막 쪽지 편지를 반듯하니 자리 잡아 드리련다. 손사래를 치셨던 단호함으로 한 자 한 자 꼿꼿하니 옮겨 심어 드리리라. 후손들이 받을 기부금은 어머니의 책갈피에 꽂혀 연분홍 사랑으로 전해지게 하리라.

비가 내리네

봄비가 꽃잎을 떨어뜨리는 날 아침입니다. 마침 어느 목사님으로부터 비 오는 날에 똑 참한 찬양을 폰으로 받았습니다. '비가 내리네'입니다. 단비처럼 하나님의 은혜를 내려 주십사하는 찬양입니다. 감성 짙은 음색에 호소가 진합니다. 창가엔 작년에 샀던 봄꽃이 피고 죽은 줄 알았던 도라지가 튼실한 싹을 밀어 올렸습니다. 어찌 그리도 오랫동안 아무 낌새도 없이 봄을 준비했을까요. 목표를 향한 물밑작업에 감탄해마지 않습니다. 그에 반해 저의 하루하루는 왜 이다지도 소란스러울까 싶어요. 매 순간 감정이 해반닥대고 파도 이는 바다의 돛단배 같습니다. 그나마 저를 닮지 않은 돛이 중심 잡아줘서 하루하루를 넘어가는 거겠지요.

며칠 전 문인들과 밤 벚꽃 놀이를 했습니다. 어스름한 불빛에 만개한 벚꽃이 넌출 됐습니다. 슬쩍 벚꽃 가지를 꺾어서 호주머니에 넣었지요. 마시지도 못하는 막걸리 잔에 띄울 요량이었습니다. 보기만 해도 고운 꽃잎 술과 원로 시인이 만들어 온 진달래꽃잎 얹은 화전에 월하정인의 책갈피가 저를 혼미하게 했습니다. 이런 날이야말로 취할 수 있는 충분한 이유가 있기라도 한 것처럼 감정이 취해갔습니다. 꽃잎 띄운 막걸리가 하도 맛나 보여서 입술을 모아 세 번 "습! 습! 습!"해봤습니다. 달짝지근하니 맛나더군요. 그래서는 안 되는 체질인 것을 알면서도 저질러봤습니다. 예전과 다를 리가 없었지요. 머리가 아프고 잠이 무한정 쏟아졌습니다. 집에 오자마자 정신없이 잤습니다. 이렇게 쉽게 무너지는 저의 육신인 것을 작은 유혹을 하찮게 여겨서 넘어지고 말았지요. 삼일 짼 데도 눈두덩이 밤새운 것같이 부어 있습니다. 물론 밥도 제대로 못 먹었습니다. 하루 한 끼밖에 못 먹었는데도 소화제를 먹어야 했습니다. 술 깨는 약을 먹어야 할 일이었나 봅니다. 혼쭐이 났습니다. 먹음직도 한 선에서 그쳤다면 평온한 나날이었을 텐데 말입니다. 또한, 알코올 분해 요소가 없는 체질인 것을 감사해 합니다. 신앙인으로서 저를 지킬 수 있는 방편이니까요.

살다 보면 이런 작은 유혹에 넘어질 때가 더러 있지요. 금해야 할 것들은 미혹하는 힘이 강해서 판단조차 할 여지를 주지 않는 듯합니다. 눈만 뜨면 나 자신을 알아야 할 순간들이 빼곡합니다. 성경 말씀에 의인이 없으니 한 사람도 없다 했습니다. 당연하다 여겼습니다. 그런데 앞 구절에 사람이 늘 더러움에 뒹군다고 했더군요. 저는 이 말씀에서 윤동주의 '서시'를 떠올렸습니다. 하늘을 우러러 한 점 부끄럼이 없기를 잎새에 이는 바람에도 나는 괴로워했다고 했지요. 시인은 얼마나 자신을 깊이 들여다봤으면 이런 시구가 나왔을까요. 이에 저는 소심해졌습니다. 한 점 부끄러움이 없기를 간구한다는 문구에 엎드려졌습니다. 저는 한순간도 부끄러움에서 놓여날 수가 없으니 긍휼히 여겨 주십사 하는 거였지요. 그분의 긍휼히 얼마나 크고 놀라운 은혜인지 안다는 사실만으로 감사했습니다.

오늘도 긍휼한 은혜로 사는 날임을 고개 끄덕여 인정하고 또 인정하면서 찬양 '비가 내리네'를 듣고 있습니다. 지인들께 퍼 나르면서 전도도 하고 은혜도 나누고 있습니다. 한낮이 다 갔습니다. 은혜가 비같이 내리는 시간입니다. 찬양 보내주신 목사님 고맙습니다.

순항

삶이 맹물처럼 싱겁게 느껴질 때가 있다. 제 맛에 못 미치는 정도를 싱겁다고 할 텐데 단조롭거나 지루해지는 순간이다. 왁자한 여행길이라면 더욱 그러하다. 무리 지어 여행을 하다 보면 지루함을 못 견뎌 한다. 누구라도 나서서 분위기 전환을 해주기 바라거나 우스갯소리라도 해서 지루함을 없애려 한다. 어떤 것이라도 가미돼야 재미난 삶이라고 느끼는 것이리라. 재미 난 삶이란 싱겁게 여겨지는 순항을 제쳐 놓고 기대할 일일까.

등짐을 진 보부상들이라도 만날 것 같은 청풍호 장회나루가 말쑥한 유람객들로 북적인다. 문학기행에 나선 일행은 단양의 도담삼봉과 석문을 구경하고 장회 나루에서 유람선을 탔다. 바람이 흥분한 수소처럼 날뛰어 머리카락을 뽑아버릴 듯하다. 바람을 가르며 유람선은 나아가는데 눈앞 호수는 눈치를 못 챈 듯 자르르하니 천진스럽다. 유람객들은 가만히 앉아 있을 수 없는 듯 바람에 온몸을 맡기며 탄성을 지른다. 긴 호수를 나아가는 유람선은 방해꾼이 없어 순항이다. 바위도 산도 양쪽으로 다 비꼈다. 인생이 청풍호 유람선처럼 순항이면 얼마나 좋을까. 만만찮은 삶을 돌아보며 부러워도 해본다. 유람선이 나아가는 좌우로 바위산이 일품이다. 단양 팔경 중 구담봉과 옥순봉의 전설이 유람객의 귀 맛을 돋운다. 호수를 따라 나는 왜가리 두 마리가 옥순봉을 배경 삼아 유영을 한다. 절묘한 조화를 이루는 왜가리들의 일상마저 품위가 있다.

유람선의 바람맞이가 꽤나 길어지는가 싶더니 어느 순간엔가 절경을 찬탄하는 소리가 줄어든다. 사람들이 호수도 바람도 내버려두고 대화 상대를 찾아 유람선을 누빈다. 바람의 세기도 변함이 없는 데다 순항의 단조로움에 지루함을 느낀 것이리라. 나도 일행을 찾아 나섰다. 조금 전만 해도 삶이 작은 섬 하나 만나지 않는 순항이었으면 좋겠다고 여긴 내가 아니던가. 조삼모사 한 사람의 성정에 어찌 이리도 적응을 잘할까.

때로는 삶이 맹물같이 슴슴하기보다는 팥빙수 같은 맛이기를 원한다. 주재료는 맹물 덩어리 얼음이지만 살얼음만으로는 팥빙수로서의 화려한 맛을 못 낸다. 수북이 쌓인 살얼음에 자잘하니 모양을 낸 찰떡과 미숫가루가 뿌려지고, 달짝지근한 팥 알갱이와 오색 젤리가 얹히면, 멋 내기 소스가 살얼음을 흘러내려 팥빙수로서의 모양을 갖춘다. 꽃잎 같은 숟갈로 성성 거려서 한 술 떠먹었을 때의 호사야말로 팥빙수 같은 삶이 아닐까. 청풍호 유람선은 순항이기는 해도 팥빙수 맛은 아니지 싶다. 화려한 팥빙수 맛에 비하기에는 항해가 너무 심심하지 않은가.

행복의 진수를 팥빙수 맛이기만 바란다면 삶을 업신여기는 것이 될까. 호락호락하지 않는 삶은 때로는 산처럼 때로는 바위처럼 맞섰다. 내 앞에 놓인 산은 언제나 태산 같아 평지가 되기를 얼마나 갈망하며 살고 있는가. 그럼에도 청풍호만큼이나 긴 호수에 장애물이 없이 전진만 가능한 삶이라면, 지루하다고 아우성치지는 않을까. 권태는 단조로움에 질식할 것 같은 상태지만, 팥빙수만큼이나 맛나고 화려한 삶만이 기다리는 건 아니기에 순항에 방정떨지 말아야 할 듯하다. 선장이 방향키를 잘못 잡아 난항을 겪을 수도 있고, 유효기간이 짧은 화려한 팥빙수가 배탈 나게 할 수도 있지 않은가.

일행들과의 수다가 한창일 때 항해가 끝났다. 도담삼봉을 에둘러 나올 수 있으려나 기대했건만 유람선이 드나들기엔 난해한 여건인지 긴 호수만 돌았다. 청풍호 유람선같이 순항하는 삶을 원했던 순간이 머쓱하리만치 못내 아쉽다. 조선의 학자 정도전이 반한 비경을 가까이서 느끼고도 싶었고, 세 개의 바위섬을 에두르는 뱃길의 절묘함도 맛보고 싶었다. 애써 아쉬운 마음을 털어내며 순항의 의미를 되짚어 본다. 내 삶에 순항을 방해할 어떤 것도 원하지 않지만, 도담삼봉 같은 절묘한 섬들이 불쑥 나타나 주기를 바라며 사는 건 아닐까. 흥부네 제비가 물어다 준 호박씨 같은 행운을 바라며 사는지도 모르겠다. 혹여 내 삶은 소박해서 큰 행운은 바라지도 않는다며 진심을 가리고 살지는 않는지. 청풍호의 순항에 속내를 들킨듯하다.

앞으로의 삶에 험한 뱃길 같은 고비를 몇 번이나 넘겨야 순항의 참맛을 알까. 중년을 넘기고서도 불쑥불쑥 나타나는 바위섬에 인생 항해가 서툰 건 여전하다. 어디 인생이 도담삼봉 같은 비경만 나타나던가. 팥빙수 같은 맛으로만 살아지던가. 얼음 덩어리가 삶의 고단함일진대 갈무리 된 얼음 알갱이를 싱겁다 여기는 것은 오만이지 않을까. 살얼음에 입술을 축이는 시원함도 삶의 순항인 줄 알아야 할 듯하다.

장회나루는 길고 가파른 데다 타이어 선을 이은 나룻길이 고르지 못해서 하이힐 신은 사회 초년생처럼 걸음걸이가 서툴다. 유람선의 유유자적하던 때와는 달리 숨을 헉헉대며 올라 청풍호를 뒤돌아본다. 긴 호수는 여전히 잔잔하고 유람선은 그림처럼 흘러간다. 소란스럽던 우리의 행로는 허탈하리만치 흔적이 없다. 큰 그림 앞에 작은 점 하나같은 내가 무어라 주절댔을까.

순항이 지루해서 싱겁다던 순간이 유람의 끝머리에 넘아 마음을 뒤엎는다. 호수를 한 시간쯤 순항할 수 있었던 건 옥순봉의 성정이 곧은 선비 같았기에 가능한 유람이지 않았을까. 순항이 주는 평안과 여유가 내 삶이기를 바랐던 마음을 다시 주워 담았다. 자숙하듯 긴 상념은 다시 청풍호를 순항한다. 유람선의 왁자한 물보라를 잠재우는 청풍호의 큰 품에 방자한 수선도 묻었다.

애기똥풀 꽃

현세대는 악을 선인 듯 당연시 여겨 선이 퇴물처럼 밀려난다. 마력에 취하듯 위험수위를 넘나들며 왜곡된 사랑에 빠진다. 지나치게 본능에 충실해지려는 데 문제가 있는 듯하다. 악을 악이라 여기지 않는 세대에 선이 조소를 당할 지경이다. 어쩌다가 악이 태연하게 선을 누르며 즐기려 드는가. 악의 한 면에 노인들의 불륜이 독소처럼 번지고 있다.

야산을 오르며 흘렸던 땀을 식히느라 태풍에 드러누운 나뭇등걸에 앉았다. 주위엔 애기똥풀 꽃이 여름별처럼 빛난다. 노란 즙을 보려고 줄기 하나를 땄다. 거짓말같이 애기 똥 같은 노란 즙이 동그랗게 매달린다. 즙이 약용으로 쓰이나 독소가 강해서 식용으로는 쓸 수 없단다. 애기 똥 같은 앙증맞은 즙이 약용이면 됐지 독소라니, 이질감에 고개를 갸웃거렸다. 땀이 식을 무렵 애기똥풀 꽃밭을 떠나려는데 골짝을 파먹을 듯한 소리가 났다. 소나무 사이로 몸집이 큰 할머니 앞에서 왜소한 할아버지가 머리를 조아리며 쩔쩔

맨다.

“집사람이 계속 같이 있어서 늦었어.”

“그럼 나는? 그럼 나는? 기다리는 사람 생각은 안 하나 응 응?”

할머니의 까무러칠 듯한 분노에 골짝의 나무들도 바람도 꽃들도 하던 짓을 멈췄다.

애기똥풀 꽃이 아무래도 단단히 탈이 난 듯하다. 꽃봉오리 솜털마저 파르르 떤다. 노란 똥만 싸는 꽃이 일제히 푸른똥을 싸지는 않았을까. 할머니 할아버지의 불륜 장소가 하필 애기똥풀 꽃이 핀 산골짝일까. 애기똥풀 꽃의 독소가 그분들의 사랑에 묻기라도 한 건지 할머니의 투정이 산불이라도 질러 버릴 듯 맹렬하다. 묘하게도 애기똥풀 꽃이 양귀비 과란다. 무지막지하게 골을 내는 할머니가 할아버지 눈엔 양귀비라도 되는 모양이다.

와타나베 준이치로의 소설 『위험한 사랑에 목숨을 걸어라』에는 아이러니한 주장이 있다. ‘노인들의 불륜이 경제를 살린다.’라는 대목이다. 당시 일본 경제 구조상 부자 노인들이 노후에 대한 불안감 때문에 현금을 끌어안고 살았단다. 이른바 장롱 예금으로 돈의 회전을 막고 있는 것이 문제였다. 그런 노인들이 불륜이라도 저질러서 경제의 흐름을 살려야 한다는 취지란다. 돈 있는 노인들이 사랑에 빠지면 자신을 고급으로 치장할 것이고, 데이트비용으로 고급식당이나 호텔 등을 이용하게 될 것이라는 요지다. 이러할 때 소비시장이 살아나서 일본 경제가 활성화될 것이라는 시장경제 논리였다. 노인들의 소비를 부추기는 정책치고 참 치졸하다 싶다. 비록 소설일지언정 노인들의 불륜을 부추기는 사회를 어떻게 받아들여야 할까.

몇 년 전 TV프로 중에 노인들이 퀴즈를 맞히는 장면이 있었다. 할아버지가 할머니에게 "우리 사이를 뭐라고 하지" 했더니 "웬수"라고 답했다. 정답이 아니었던지 할아버지가 네 글자라며 힌트를 줬다. 할머니는 너무도 명쾌하게 "평생 웬수"라고 답해서 모두를 폭소케 했다. 할아버지가 요구한 답은 천생연분이었지만 할아버지의 삶이 어떠했는지가 확연히 드러났다. 할아버지와 할머니 인생에 천생연분과 '평생 웬수'는 동의어쯤 되었던 걸까. 할머니가 평생 웬수라고 답하면서도 웃을 수 있었다는 게 다행이라 해야 할까. 부부싸움도 엄포도 통하지 않았기에 체념에서 나오는 웃음인지도 모를 일이다. 가부장적인 사고에 길들어 살아온 우리 할머니들의 인생에 여자는 짧고 아내는 오죽이나 길었을까. 할아버지들의 남자이고 싶은 욕망이 할머니들에겐 없을 것이라 여겼을까. '평생 웬수'가 천생연분으로 치유되지 못한 노부부의 결단이 '평생 웬수'인 채로 황혼이혼을 부르는 게 아닐까.

노인들의 사랑을 부정하는 건 아니다. 홀로이신 분들끼리의 사랑이면 누가 뭐라나. 애기똥풀 꽃밭 노인들의 불륜은 아름다울 수 있는 노인들의 사랑에 먹칠을 한 셈이지 않은가. 할아버지는 저토록 심한 구박을 받으면서도 불륜의 맛을 즐겨야 할까. 일탈은 재미를 부른다지만 할아버지는 두 여인의 틈바구니에서 살이 내리는 눈치작전을 계속할 모양이다. 웅얼웅얼 달래는 소리에 할머니의 분이 가라앉았는지 내려 갈 채비를 한다.

노인들이 자리를 뜨니 산골짝에 바람이 다시 불고 숲 내가 진동을 한다. 나도 자리를 뜨려는데 괜스레 애기똥풀 꽃에 민망해졌다. 애기똥풀 꽃도 푸른똥을 싼 적이 없는 듯이 꽃잎을 흔든다. 회복이 빨랐음일까. 저 꽃들은 노인들의 사랑싸움을 깡그리 잊을 수 있을까. 나만 노인들의 불륜에 뒤통수가 후끈거리나. 애기똥풀 꽃밭의 쉼이 이본 동시상영관에서 삼류영화를 본 것처럼 씁쓸하다.

옹이

근래에 와서 추미醜美가 미적 범주에 포함되었다. 그렇다면 잔혹함도 예술일 수 있을까. 어느 회사의 쇼윈도에는 굵은 철사에 감긴 동백이 꽃 한 송이를 피웠다. 몸이 뒤틀리고 묶인 채로 피어난 꽃송이가 대견하다. 굵은 철사가 마디마디를 엮었음인지 꽃망울이 오종종하니 모여 있다. 사람들의 시선은 묶인 고통쯤은 아랑곳하지 않고 안짱다리가 된 동백나무의 분재에 감탄한다. 내 눈길이 머문 것도 뻗치며 자랄 동백나무가 암팡지게 몸을 낮추어 모양을 낸 모습이다. 어느 순간 나무줄기를 타고 도는 굵은 철사에 눈길이 갔다. 힘센 산짐승을 묶은 듯 들여다보는 내가 멈칫해졌다. 휘어진 고통을 감내하기보다 반항이라도 하려는 듯 줄기가 푸르고 힘 있어 보인다. 동백나무는 묶이고 뒤틀려서 옹이지는 꿈을 꾸지는 않았으리라. 강제로 화분에 주저앉혀진 동백은 꽃을 피우는 것만은 멈출 수가 없었나 보다.

동백은 언 땅의 기운을 받아 검푸른 잎이 두툼해지면 숨이 멎을 듯한 빨간 꽃을 피운다. 길가의 가로수나 주택 담장 안에서 뻗어 나가는 줄기에 개의치 않고 꽃을 피운다. 그것만으로 충분히 사랑받는 꽃이다. 인간과 자연과의 부조화가 예술이 되는 것이 어디 분재뿐이겠는가 마는 멀거니 드러난 철사가 내 살갗에 닿는 듯 차가워 보인다. 분재의 매력이 여기에 있는 것인지는 알 수 없으나, 한족 여인들의 전족처럼 조여드는 고통이 느껴져 혀가 절로 차 진다. 그런데도 키 작은 동백은 고통을 모르는 듯 꽃을 피웠다. 몸은 묶였어도 꽃 인사가 화사하다. 눈길이 기어이 꽃으로 가는 게 역시 아름다움의 절정은 꽃만 한 것이 없나 보다. 내 눈을 가리듯 동백꽃이 저 굵은 철사의 맨몸을 가려 줄 수는 없을까. 눈의 호사가 변덕을 부려 분재의 예술에 치하를 하려 든다. 또 다른 욕망에 포장 당하는 내 심사가 어이없다. 저 동백나무도 묶인 채 세월이 가면 둥치에 옹이가 지리라. 분재의 옹이는 생태계의 먹이사슬과는 판이한 부조화다. 아이러니하게도 인간이 임의대로 자연의 섭리를 거슬리며 만들어 낸 예술이라 하여, 분재의 값어치는 자연적으로 자란 나무들보다 몇 갑절 높다. 사람이 창조해 낸 조각과도 같은 예술작품이라는 뜻이리라.

펄벅의『대지』에 보면 아버지 왕룽이 전족을 한 딸아이가 아장아장 걷는 모습을 보고 여간 예쁘지 않다며 감탄하는 장면이 나온다. 딸아이의 고통을 염두에 두지 않고 아이가 자라서 남자로부터 사랑받아야 할 첫째 조건을 갖추는 것만으로 흐뭇해한다. 아내 오란이 하는 말은 한스럽다 못해 절망적이다. 동여맨 발이 아파서 우는 아이를 보고 전족을 해야만 훗날 남편 사랑을 받을 수 있다며 참을 것을 종용한다. 당시 한족 문화의 일면이다. 한족에서 여자로 태어난다는 것은 남자의 사랑을 받기 위한 소유물이었기에, 전족한 발이 남자의 손안에 쏙 들어갈 만한 크기여야 했다. 자라는 발을 어느 정도로 동여매야만 옹이 지고 뭉그러져서 남자의 손안에 들어갈 수 있었을까. 옹이 진 발로 고통스럽게 걷는 여성이 남성들의 성욕을 자극하기 위한 수단이었다니 얼마나 잔혹한 발상인가. 사람의 발을 장기간 고문했던 한족의 문화가 섬뜩하다.

전족의 유례는 유목민들 간에 전쟁이 잦았는데 전리품으로 여성을 잡아 도망을 가지 못하게 하느라 발의 관절을 꺾어 묶었다고 한다. 후대에는 변질하면서 여자 나이 10세가 되기 전 어머니들은 전족으로 예쁜 발 모양을 만들어서 좋은 곳에 시집보내려고 준비했다. '대지'에서 전족을 하지 않은 아내 오란은 죽어가면서도 발이 크고 못생겼기 때문에 아까운 돈을 들일 값어치가 없는 목숨이라고 말한다. 아름다움의 가치에 대한 여성의 무지가 더 오랜 세월 동안 전족의 문화를 이어 가게 하지 않았을까. 자신의 가슴에 전족처럼 옹이진 여성으로서 삶의 값어치를 몰랐던 시대의 비극이리라. 옹이가 만들어진다는 것은 분재나 전족과 같이 자연스러운 형태를 유지할 수 없도록 강압적인 힘을 가하는 것이 아닌가. 옹이가 만들어지기까지 가해지는 힘은 오랜 세월을 거쳐야만 가능한 것이기에 옹이의 고통을 어찌 말로 다 가늠할까.

현대 여성들의 발에도 옹이가 생긴다. 한족의 발처럼 누군가를 위해 발을 묶어서 장기간 자라지 못하게 하여 옹이 지게 하는 것은 아니지만, 다리가 길어 섹시하게 보이고 싶은 욕망에 킬힐을 신는다. 하이힐 수준이 5cm 정도라면 킬힐은 10cm에서 17cm의 굽이 높은 신발이다. 킬힐을 신고 격렬한 댄스를 추는 아이돌 연예인들의 섹슈얼한 모습이 젊은 여성들에게 바이러스처럼 번졌다. 킬힐을 신은 모델들의 다리는 유혹당할 만하게 섹시하고 아름답다. 키 작은 사람도 킬힐을 신으면 제법 키가 커 보이고 각선미가 살아난다. 문제는 킬힐의 부작용이다. 인간의 신체구조가 킬힐에 맞춰져 있지 않기 때문에 당연히 고통이 따를 수밖에 없다. 등과 무릎에 많은 부담감을 주고 무지외반증과 같은 족부질환을 앓게 된다. 그럼에도 불구하고 창조주의 설계를 바꿔서라도 예뻐지고 싶은 여성들은 킬힐을 신는 데 주저하지 않는다. 이제 킬힐을 신고자 하는 열망에는 연예인이나 일반인들이나 구분이 없다. 아름다워지기 위한 고통쯤은 참을 만한 일인지 킬힐의 유혹을 쉬이 저버리지 못한다.

현대 여성들의 발 질환인 무지외반증도 일종의 옹이이다. 킬힐의 도발적인 섹시함에 매료당한 여성들이 고통을 감내하면서 만들어 낸 증거다. 이런 실정인데도 여성들은 신체를 혹사해가며 킬힐을 매력의 수단으로 삼아야 할까. 분재나 전족은 타인에 의해 만들어진 가혹 행위의 결과라면, 킬힐은 여성 스스로가 선택한 것이 아닌가. 물론 직업적인 선택일 수도 있겠으나, 자신의 미를 위해 잔혹함을 자초할 필요까지는 없을 것 같다. 전족의 잔혹함이 예술일 수는 없듯이 동백나무의 뒤틀려진 몸짓이나 킬힐의 유혹 역시 탐미를 향한 예술적 행위는 아니리라.

때마침 킬힐을 신은 여성이 쇼윈도에 비친 자태에 흐뭇해하고 옹이진 동백꽃은 겨울 햇살을 받아 더욱 붉어 처연하다. 현대인들의 잔혹성은 태연하기조차 하다.

웃자라는 달에

오월 치레를 해야만 할 것 같아 산길을 걸었어. 아카시아 꽃향기가 숨을 턱턱 막히게 하네. 산딸기는 유월을 준비하느라 옹송그린다. 연초록에 뒹굴어 풀물 페인팅 된 자연인이 될까. 아카시아 꽃을 따다 여왕벌을 섬기는 일벌이 될까. 발걸음이 쉬이 내딛어지는 것으로 보아 오월 숲을 헤집는 남실바람이라도 될 모양이야.

웃자라는 솔가지에 구름이 놀라고 제멋대로 뻗어 나가는 떡갈나무 초록 가지에 길을 잃겠어. 오월은 암만 봐도 성숙이 뭔지 모르고 내달리는 사춘기 소년 같아. 웃자라는 초록 가지들은 불균형으로 자라는 사춘기 소년들의 신체를 닮았어. 어느 소년은 코부터 커지고, 어느 소년은 발부터 길어지지. 건들거리며 풋내를 풍기는 품새가 철없는 태나는 변성기 중학생들을 보고 있는 듯해. 웃자란다는 건 천방지축으로 날뛰어도 정진일 테지. 나도 웃자라는 소년들처럼 경중대며 내달려보고 싶네. 초록 그늘이 오월 속에서 찬 기운을 내뿜어 땀과 맞선다.

푸슬푸슬한 산길은 있는데 사람이 길에 없어 적막하다. 정상으로 보이는 곳에는 하늘이 보이고 사람 소리도 들려. 드문드문 철조망이 보이는 것으로 보아 부대가 있는 듯해. 군부대 철조망 아래로 무덤들이 군데군데 있어. 왠지 으스스하다. 버려진 무덤일까. 풀이 숭숭 자라서 귀신들이 득실거릴 것 같아. 고향 무덤에서는 귀신도 우리랑 같이 놀았잖아. 무덤 정수리에서 미끄럼을 타면 귀신들이 바지 허리춤을 쑥 벗겨버리는 장난을 치곤 했지. 여름밤이면 귀신이 우리를 더 귀찮아했을 수도 있어. 동네 아이들이 잠잘 줄을 몰랐으니까. 밤새껏 노는 아이들 소리에 어른들이 귀신이라도 불러야 할 만큼 자지러지게 놀았거든.

이곳 무덤들은 성욕 돋은 남자만큼이나 무섭다. 적막을 깨기 위해 지인에게 스마트폰 카톡을 날려 봤지. 이내 카톡이 왔네. 경망스런 카톡 소리에 소스라치게 놀랐어. 그나마 오그라진 간땡이가 떨어지는 줄 알았지. 무덤이 무섭다고 했더니 무덤을 안고 누우란다. 누군가가 업어 갈 거라고. 기절한 척 누웠다가 즐겨보라나 뭐라나. 아카시아 꽃향기가 무덤 귀신보다 먼저 나를 기절시킬 거 같아 콧구멍을 벌렁거리며 걷는다. 한 무덤엔 도시 귀신들이 들락거리는지 흙이 무너졌네. 약아빠진 귀신들이 어째 흔적을 남기고 그럴까. 아마도 뒤처리 안 하는 습관이 붙은 듯해. 뒤돌아볼 수 없을 정도로 무섬증이 느껴지는데 발은 마음보다 백배로 느려 터졌어.

깡마른 할아버지를 만났네. 여기가 어디쯤인지 물어보려다가 지팡이에 힘 실린 것 보고 그만뒀어. 무덤 귀신보다 힘이 더 세 보였거든. 배 타던 어느 할배 생각이 나잖아. 장정도 때려눕힌 힘이었지. 늙은 할배의 성욕에 아까운 젊은이들이 몇 명이나 죽임을 당했잖아. 남자들의 성욕은 말기 환자라도 여자 간호사 다리에 시선이 가는 거라네. 당장은 돌아가시지 않는 증거래. 어느 택시기사 할아버지 말씀도 생각나. 할머니들이 데이트 신청을 하면 먼저 재산 정도를 알기 위해 간을 보신다는구먼. 맘에 들면 얼마간의 돈을 요구한다고. 자식들한테 남자친구를 허락받을 수 있는 구실을 삼는 거라네. 지참권인 셈이지. 불응하면 친구 관계도 될 수 없다나. "차 마시고 영화도 보고 그러다가 좋아지면 같이 살기도 하면 될 것을. 지들이 젊기를 하나 돈 요구가 다 뭐래" 할아버지의 씁쓸한 투정에 웃음이 터지고 말았지.

하늘 끝 철조망만이 길 안내를 길게 한다. 삼림욕을 즐기기에 꼭 맞는 길인데도 오그라진 간땡이는 여전히 간당간당해. 그 와중에도 발바닥에 닿는 흙길은 촉촉해서 힘들지는 않아. 아직은 오월이기에 촉촉한 게 아닐까 싶어. 여름쯤이면 많은 사람의 발바닥을 받아들여 반질거리겠지. 무섬증만 빼면 최고의 오월 치레야. 그렇다고 다음 기회엔 누구든 같이 와야겠다는 생각은 안 들어. 혼자여야만 될 것 같은 욕망이 고개를 주억거리거든. 따라오던 귀신들이 피식 웃는 듯해. 겁을 덜 먹어서 그렇다는 거겠지.

어느새 알던 길이 열렸어. 손엔 다 식어버린 커피가 있네. 무덤 귀신들이 뜨거운 커피를 식혀버리는 것으로 나를 떠난 듯해. 오월이 치렁대며 초록 그림자를 만든다. 무섬증이 달아나니 졸음이 오네. 졸음에도 아카시아 꽃향기는 쉼 없이 코끝을 찾아들어. 이제는 꽃향기에 못 이긴 척 연초록 오월 속에 쓰러져 줄까 봐. 아카시아 꽃향기가 한도 꽉 찬 중년도 깨워줄지 모르잖겠어. 로망이 어디 젊음만일라고. 그래도 오늘은 업혀 가지 말아야 해. 오월이 진정되기 전에 업혀 가는 건 내달리는 내가 내 발에 걸려 넘어지는 꼴이거든. 살이 통통하니 오른 산새 한 쌍이 초록 가지들을 출렁대며 비웃고 있어. 주책! 주책! 주책! 누구는 느닷없이 사랑이 왔다고 호들갑이고, 누구는 중년의 흑기사 노릇을 꿈꾸느라 밤을 새운다는데 나도 할 말은 있지. "오월 산새들아 사랑의 종말은 죽음까지란다." 내 인생은 덜 성숙한 오월 같은데 중년의 변성기마저 넘어서선지 목소리에 탄력은 없다.

오월 햇살이 웃자라는 솔가지에 쉴 수 있는 빌미를 주느라 산마루에 고개를 묻는다. 또 내일도 오월은 말갛게 세수를 하고 떡갈나무 가지를 치렁대며 산새들을 풀어놓을 테지. 산마루를 넘는 오월 햇살에 귀띔해줘야겠어. 오늘은 나도 웃자라서 풀물 흥건한 오월이었다고.

오월 바람이 산새들을 모아 숲 속으로 가누나. 나도 이쯤 해서 웃자라던 오월 치레를 마치려 하네.

물안개와 춤을

무희들의 시스루 옷자락 같은 물안개다. 강변의 아침 햇살을 맞아 무리 지어 피어오른다. 내달리면 한달음에 다다를 곳에서 펼쳐지는 장관이다. 재킷을 입고 아직 햇살이 다 걷지 않은 안개를 쫓아 내려갔다. 이미 나는 어젯밤 소나무 가지에 걸렸던 북두칠성의 두레박질에 신명이 나 있었고, 밤새 울어 준 산새의 음률이 내 몸에 실려 있었다.

재킷을 날리며 춤을 추었다. 빙그르르 돌며 춤사위가 흥겨워졌을 때 황토 길가에 핀 찔레꽃 한 묶음을 꺾어 머리에 꽂았다. 동네가 없고 함께 온 친구들도 숙소에 있는 터라 맘 놓고 오월 바람과 함께 춤을 추며 내려갔다. 강물은 잔잔한데 어디쯤엔가 깊은 물소리가 아침 강을 깨운다. 물고기 떼들이 아침 찬을 먹는 건지 놀이를 하는 건지 몸을 뒤틀며 뛰어올랐다. 신발을 벗고 강물로 들어섰다. 물이끼에 발이 미끄러웠다. 제법 종아리까지 차오르는 물속에서도 춤은 멈추지 않았다.

어젯밤엔 소쩍소쩍 울음 우는 소쩍새도 밤을 새워 강철같이 울던 새도 자신들의 낙원이라 텃세를 부리는지 잠을 설치게 했다. 도심에서는 직박구리의 울음에 귀가 따갑다고 투덜대고, 악다구니를 해대는 매미들 때문에 나무 둥치를 잘라 버렸다. 저들을 쫓아내는 데 일조를 한 내가 밤새 강철같이 울어대는 새에게는 투정도 하지 않았으니 저들이 주인임을 인정한 셈일까. 아직은 '청산에 살어리랏다'고 노래할 수 있어서 춤이 나오는 걸까. 한창 춤에 빠져 있을 때 친구들이 내려와서 영화 〈동막골〉 광녀라고 놀렸다. 나는 비가 와준다면 더없는 순간일 거라고 한술 더 떴다.

어릴 적에도 오늘같이 춤을 추곤 했다. 여름 어스름에 뒤꼍의 박꽃이 피면 춤을 추었다. 손 사위가 어스름을 가르고 박꽃이 웃음 짓는 순간에 춤의 환희는 절정을 이뤘다. 어디서 배워 본 적도 없었지만 팔이 들리고 리듬이 어깨에 실리며 신명이 났다. 뱅그르르 돌며 박꽃을 놀라게도 하고 돌부리에 걸려 넘어지기도 했다. 인기척이 나면 이내 멈췄다. 가족 누구에게도 들키지 않을 수 있는 순간의 유희였다. 학교에서 무용부 애들이 하던 도라지 춤도 췄다. 팔랑대는 족두리에 한복을 입고 앙증맞은 대바구니를 들고 춤을 추는 애들이 나인 양 춤에 젖었다. 눈을 등잔만큼 크게 화장을 한 애들은 분명 부잣집 애들일 거라고 여기며 서글퍼도 했지만, 그런 날은 저들보다 더한 복습을 했다. 어렸을 적부터 꿈을 꿀 줄 알았다면 무용을 전공했지 않았을까. 지금은 노인대학에서 어르신들과 춤을 춘다. 어르신들보다 내가 더 신명이 나서 덩더꿍 이다.

혼자서 소 먹이어 다닐 때가 많았다. 소는 소대로 풀을 뜯어 먹느라 정신없을 때 나는 키 작은 소나무 사이를 나풀대며 뛰어다녔다. 나 혼자만의 세계에서 연기를 하며 춤을 췄다. 멈춰선 곳에서 소나무와 대화를 하고 멀리 있는 소에게 교신을 보냈다. 언제든 마음속 연극이 멈춰 진 적이 없었다. 오늘 못다 한 장면은 다음 날 진행을 했다. 누구와 그런 행위를 함께 해본 적은 없다. 혼자 있는 시간을 즐기기 위해 동네 애들과 같은 곳에 소 먹이러 가는 걸 꺼렸다. 우리 소는 동무들과 어울리지 못해서 외로웠는지는 모르겠으나 내가 엮는 연극 속엔 춤이 빠지지 않았다.

오늘 아침의 춤은 원칙도 질서도 없다. 예전처럼 어떤 스토리도 없이 춤만 춰진다. 바람이 들추는 대로 춰지는 게 아닌가 싶다. 몸에선 리듬이 멈추지 않는다. 고려가요라도 흐르는 것일까. 화전놀이 나온 여인들의 춤사위가 이러했을까. 피어오르던 안개는 나를 강 가운데 두고 스러져 간다. 아침 산그늘이 있는 곳으로 안개가 떠나니 춤도 시들해졌다. 작은 바위에 앉았다. 느린 물살이 다리를 간질인다. 아침 놀이를 하던 민물고기들도 잠잠해졌다. 춤사위를 접으니 떠날 시간이란다. 오월 바람과 느릿한 강물과 친해진 포만감이 목표 없는 여행에서 건진 수확일까. 저들은 나더러 춤이라도 추지 않았느냐며 귀경을 아쉬워한다. 원치는 않으나 톱니바퀴 같은 일과에 나를 들여놓고 말았다. 이것이 인생인가.

또 언제쯤 춤이 춰지는 바람을 만날까. 또 어느 때에 안개 기둥을 쫓아 춤을 춰 볼까. 돌아보니 산보다 더 진해진 강물은 내 춤의 흔적도 없이 흐르고 내가 빠진 바람은 별일이 없었던 듯 초록을 흔든다. 사람이 비껴야 할 정경인가 보다. 그럴지라도 또다시 내 안에 춤사위가 일면 기꺼이 춤을 추어 보리라.

말풍선 문학

수 개념은 내게서 오래 머무르고 싶지 않은 나그네일까. 숫자는 아무래도 흥미가 없다. 계산하기가 싫어 정찰제인 곳만 가는 편이다. 재래시장에서는 흥정도 않는다. 언젠가 마늘 한 접을 샀더니 한 움큼을 더 줬다. 앞 손님 개수 세는데 질려 버렸단다. 때론 단순한 거래가 덕을 볼 때도 있다. 사실 손해를 보는지 이익을 남기는지 잘 모른다. 덤을 준 마늘가게 주인이 기분이 좋다니 그것으로 충분하다. 가격이 얼마더냐고 물을 때는 참으로 난감하다. 거의 가격 기억을 못 한다. 더군다나 아파트 시세가 어떠냐고 물을 때는 거기 살지 않느냐고 되묻게 한다. 숫자는 나이가 들수록 내게서 미끄러져 달아난다. 흡수되지 않는 비닐 같다. 수 개념에서 점점 멀어지는 데는 활화산 같은 문학이 한몫했다. 양다리를 걸치지 못하는 기질이 늦깎이 문학으로 옴팡 기울고 말았다.

남편과 함께 가게를 운영한다. 남편은 이름 없는 사장이고 나는 이름만 건 시답잖은 직원이다. 계산이 밝은 남편한테 늘 통박을 받는다. 직원이라면 잘려도 골백번은 잘릴 짓을 몇 년째 하고 있다. 그 와중에 나는 문학을 한다. 무딘 뇌를 문학이 거반 차지해 버리는 바람에 일에 신경을 잘 못 쓴다. 오늘도 숫자에 점을 잘못 찍어 15,000원짜리를 1,500원으로 계산했다. 손님은 싸게 산 줄도 모르고 가고 나는 뒤늦게 알고 속앓이를 했다. 아니 남편에게 들킬까 봐 얼른 덮었다. 그랬는데도 한마디 한다. 손님이 오면 물건 고르고 하는 일에 신경을 좀 쓰라. 마음이 덜컹 내려앉았다. 또 계산 잘못해서 손해 본 걸 알면 통박 받을 게 뻔해서다. 일 저질러 놓고 혼날 걸 겁내는 아이 꼴이다. 얼른 현실에 집중이 안 된다. 문학에 빠져 있다가 멍한 상태로 손님을 맞기 일쑤다. 요구하는 상품이 얼른 기억나지 않아 한참을 헤매기도 한다. 전화통을 붙들 수밖에 없다. 당연히 손님들은 나하고의 거래를 불편해한다.

퇴근길에 남편이 오늘 매출에 대해 물었다. 대략적인 예상액을 갖고 물어서 다행이었다. 매입 매출 합계 내는 걸 어찌 이리 잊을까. 내가 제일 궁금해 해야 하는데 그렇지가 못하다. 늘 부족한 부분만 갖고 전전긍긍한다. 가게 운영을 엉터리로 해 온 바람에 은행 직원한테까지 통박을 받았다. 인정한다고, 잘하지 못 하는 걸 어쩌겠느냐고. 그렇다고 금융계 횡포는 부리지 말라고 되받았다. 겨우 하나 건진 게 고객 입장을 고려하지 않고 은행안정권 규정만 운운하는 것이 못마땅해서였다. 사람이 하는 일에 뭐가 그리 막히는 게 많으냐고 맞받았다. 내 허물이 대들보 같은데도 규정에 숨 막혀 하는 내 꼴을 보고 얼마나 어이없어했을까.

내가 문학에 심취해 있는 만큼 큰 성과는 없다. 좋아서 쫓기듯이 문학에 젖어든다. 금전에 밝고 상거래에 밝았다면 우리 가족이 좀 더 나은 생활을 하지 않았을까. 이도 저도 아니면서 문학에만 빠져 있다. 최근 들어 한 삼 개월만 잠적할 수 있다면 좋은 작품을 뽑을 수 있으리라는 가당치 않은 꿈을 꾼다. 몰입할 시간이 없다고 푸념이다. 시간은 많다. 잠자는 시간이 길어졌고 텔레비전 보는 시간이 길어졌다. 처음 등단을 하고서 가슴 터지게 채워지는 글을 쏟아내느라 밤샘을 했다. 건강에 적신호가 올 정도로 빠져들었다. 지금은 그 정도도 해내지 못하면서 환경만 탓한다. 모임에 갔다 온 남편이 옆에 앉으란다. 회원인 여자의 남편이 목을 맸다고 한다. 꽤 큰 유산 상속이 목숨을 빼앗을 정도가 됐었나보다고. 아내의 잔소리도 한몫하지 않았을까 한다. 그 말에 은근히 나는 잔소리 안 하잖냐고 해봤다. 돌아오는 말은 잔소리는 안 하지만 당신 맘대로 하잖냐고 한다. 가게서 책보고 글 쓰느라 일을 소홀히 한다는 지적이다. 뜸을 들여서 약간의 푸념을 늘어놨다. 그렇게라도 하지 않으면 언제 내가 문학을 제대로 하겠느냐고. 나도 답답하다고. 차마 한 삼 개월 정도 잠적하고 싶단 말은 하지 못했다. 이 정도도 남편에겐 불만인데 잠적이라니, 비현실적인 처사가 화를 부를 일이다. 수필집을 내고 얼마간의 기간이 지났을 때도 한마디 들었다. '이제 정신 좀 차리고 일에 신경 쓰라.' 그때부터 문학이 더 깊어져야 하는데 문학을 소홀히 하라니. 일이 우선인 줄은 알지만 이미 나는 일보다 문학이 우선순위에 올라버렸다. 아들은 아들대로 기도에 전념하란다. 그것도 안다. 나름으로 신앙생활의 계획을 짜서 살기는 하지만 그쪽도 미흡하기는 마찬가지다. 내 인생에 말풍선 같은 문학이 생겨 버렸으니 어찌해야 삶이 순조로울까.

이 글을 쓰는 시간도 일하는 시간이다. 서랍 속엔 몇 장 되지도 않는 서류들이 정리되지 않은 채로 쌓여 있다. 그날그날 해치우라고 늘 지적받는 일이다. 손을 대고 싶지가 않아 날마다 미룬다. 이런 나에게 웬 모임의 총무 일은 자꾸만 주어질까. 사람이 하고 싶은 일만 하고 살 수는 없는데도 하기 싫은 일을 한다는 것은 부담이고 스트레스다. 이 정도의 일에 병들 일은 아니지만, 우선순위를 잘 해내지 못해서 지적을 당하고 미안해하면서 산다. 삶이 늘 마늘 살 때 같진 않음을 명심해야 하는데 잘되지 않으니 어쩌랴. 늦깎이 문학은 내 인생에 덤인 듯하니 오죽이나 재미진가. 손님이 옆에서 말을 시켜도 글은 써지고 틈새마다 책이 읽히니 흡수되지 않는 숫자들하고는 다르지 않은가.

손님이다. 일단 일할 때는 문학을 빼자. 정신을 차리느라 벌떡 일어섰다. 일은 하는데 또 나를 채우고 또 나를 잠기게 하는 무엇이 있다. 이런! 얼굴 가린 독소 같은 문학이다. 난 또 숫자의 점을 잘못 찍고 말 텐가.

사상의 정적 충격과 정서의 미적 울림

최숙미의 수필세계

권대근

문학평론가, 대신대학원대학교 교수

1. 열며

소풍가기 좋은 날 까치울역으로 가족 나들이 어떠세요. 들녘 같은 무릉도원이 큰 품으로 맞아 줄 겁니다. 꽃길 사이로 종종 거리는 아이들의 모습에도 반할 테고요. 이 순간이 행복이라고 환호성을 올리며 찜하실 듯해요. 하루가 꽃숲에서 유영하느라 도끼자루 썩는 줄 모르게 갈 것입니다. 실내 식물원엔 코너마다 어르신들의 해박한 해설이 또 한몫을 합니다. 눈으로 훑고 지나치는 구경과는 차원이 다르지요. 시니어 일자리 창출이 아주 훌륭해 보였습니다.

-〈까치울역입니다〉에서

문학의 존재 이유가 인간과 삶의 진실을 밝히는 것이라면 그 목적에 가장 근접한 것이 수필이다. 수필가가 적극적으로 인간 사회를 치유하는 주체가 될 때 인간 사회는 타락의 속도를 늦추게 되고 자정 능력을 확보하게 된다. 인간의 존엄성이 무시당하고, 인권이 실용성에 밀려나도록 작가는 보고만 있을 수 없는 것이다.

물질문명이란 이름으로 자행되고 있는 인문학에 대한 무차별적인 위협이 위험 수위에 와있다. 이런 현실을 개선하기 위해 작가는 나름의 목소리를 내야 하는데, 그 실천이 수필집 발간이 아니겠는가. 이러한 작가의 현실 인식과 문학적 형상화가 빛나는 수필집에 해설을 쓰게 되어 영광스럽다. 본질에 대한 심오한 철학적 통찰, 그 통찰 결과를 미적 울림으로 나타내기 위한 구조화, 그리고 그것을 문학적 사건으로 승화시켜 표달하기 위한 수사 전략적 상호작용이란 수필 미학의 기준에 비추어 볼 때, 〈사흘 전〉을 포함한 최숙미의 수필은 탁월한 문학적 성취를 보여준다고 하겠다. 그녀가 미적 직관의 셔터를 누를 때면 신비로운 빛살이 굴절한다. 그녀는 참신하게 반짝이는 활어 디자이너인 동시에 수필의 조각가임에 틀림이 없다.

'가뭄으로 바닥이 드러난 마음 밭에 "나는 신인이다"라는 자숙의 문구가 어른거린다.'라고 쓴 수필 〈가뭄〉에는 문학에 대한 겸허한 작가의 자세가 드러나 감동을 주고, 〈꽃밤의 멘쿵〉은 작업남의 유혹 멘트에 거리두기를 하며 자신의 순결성을 지켜낸 사연이, 〈남성 스포츠 마사지〉는 퇴폐 업소의 폐해로부터 남편을 보호하려는 조강지처의 심리가 재밌게 드러나 있다. 종신 청지기로 의미화된 〈포구나무〉란 수필은 향토성을 띤 한국적 수필로서 토포필리아적 가치를 지향하고 있다. '의암의 당부는 내 안에서 바위처럼 단단해져 간다.'고 쓴 논개의 호국충정에 관한 수필, 〈의암〉으로 조국애를 드러내었는가 하면, 인연과 추억 등 다양한 제재를 다루고 있어서 최숙미 수필은 접근성 또한 높다. 문장과 수사 전략의 측면에서도 모범적이다. 이 수필집은 한 작가가 최고로 도달할 수 있는 사상과 정서를 언어로 표현한 것으로서 우리에게 수필의 맛과 품격을 격조 있게 보여 준다고 하겠다.

작가 최숙미는 2010년 유네스코 선정 우수잡지 계간 〈에세이문예〉로 등단하여 한국문단에 나왔다. 그 후 불과 십년도 안 되는 경력에도 불구하고, 제5회 한국에세이문학상과 수필집 〈칼 가는 남자〉로 제3회 풀꽃수필문학상을 받았다. 예리한 관찰력과 문학적 형상력을 기반으로 풍경의 미세한 부분까지 세밀하게 묘사해서 페르시아 융단을 짜듯 한 편의 수필을 직조하는, 최숙미는 깨어 있는 정신으로 매일 어둠을 밝히고자 등불을 들고, 때로는 횃불을 들고, 어떤 때는 수레를 밀고 언덕을 오르는 작가로 평가되고 있다. 최근 들어 그녀는 좋은 작품을 출산하기 위해 한 삼 개월만 잠적할 수 있었으면 하는 그런 꿈을 꾸는 작가다. 좋은 글을 써야 한다는 자의식이 강해, 가게 일을 소홀히 해서, 재산상 손해를 끼치고, 남편에게 타박을 받기 일쑤다.

일보다 문학이 우위라고 여기는 최숙미는 경남 고성에서 태어났다. 문학에 대한 열망으로 한국방송통신대학교 국어국문학과를 졸업하고, 저산본격수필창작특임연구학교에서 본격수필론을 공부했다. 등단 이후 2011년도에는 수필문학 발전에 대한 공로와 훌륭한 작품성으로 한국에세이작가상을 수상한 바 있으며, 현재 한국본격수필가협회 중부지회 지회장을 맡고 있다. 국제펜클럽 한국본부 회원, 한국수필가협회, 한국크리스천문학가협회, 부천문인협회 회원으로 활동하고 있다. 2015년에는 '한국수필진흥연구회'가 펴낸 〈평설로 읽는 대표수필〉 40인에 선정되기도 했다. 수필 쓰기가 자기 체험에 대한 변증법적 혹은 자기 성찰적 깨달음의 과정이라면, 그 깨달음 속에서 되찾은 한국적 정의 미학은 최숙미 수필집의 가치와 위상을 드높여 줄 것으로 기대한다.

1. 형상화의 미학적 울림

최숙미의 수필집을 읽으면, 누구나 감동을 받게 된다. 그 이유는 무엇일까? 풍부한 예술성과 철학성을 함유한 수필 텍스트를 창조했다는 데서 그 답을 찾을 수 있겠다. 〈엉겅퀴〉는 해석에서부터 형상화까지의 과정에서 사상적 충격과 정서적 울림이 잘 구축된 작품이다. 최숙미의 작품이 성공적으로 평가받는 데에는 적절한 형상화가 뒷받침된다는 사실에 주목해야 한다. 일보다 문학이 우선이라고 쓴 〈말풍선문학〉이란 수필에서 작가는 '일은 하는데 또 나를 채우고 또 나를 잠기게 하는 무엇이 있다.'고 말한다. 문학이다. 남편이 문학보다 일에 더 신경 쓰라고 하지만, 그녀에게는 일보다 문학이 더 우선순위다. 문학의 우위성을 강조하면서 생활 속에서 구상과 구성을 중시하는 것은 바로 문학이 우리 삶에 어떤 효과를 가지고 오는지 깊이 인식하기 때문이다. 〈엉겅퀴〉는 '허울 좋은 부잣집 맏며느리의 시부시집살이'에 비유했기에 문학적 성취를 이룬 작품이다. 해석만 있고 형상화가 없으면 관념적인 글이 되고 말지만 〈엉겅퀴〉처럼, 해석과 형상화가 함께 어우러지기에 감동이 배가 된다. 최숙미의 작품은 모두 이런 구성적 비유 과정을 거치고 있다. 따라서 해석과 형상화의 프로세스는 이 수필집이 갖추고 있는 필요조건이자 충분조건이라 하겠다.

또한 최숙미 수필은 멋과 맛 그리고 향기라는 다양한 미의식이 입체적으로 깔려 중층적 울림을 만들어 내는 것을 특징으로 한다. 이러한 세 가지 미감은 모두 형상적 체험을 통해서 이루어진다. 실감의 유리와 보수라는 문학적 장치를 통해 연상과 상상을 확보하고, 형상적으로 미적 쾌감을 주는 그것이 진정한 문학적 감동이고 문학적 성취이기 때문이다. 사상적 충격과 정서적 울림을 주는 것이 예술의 기본적 기능이라 할 때, 최숙미의 수필, 〈까치울역입니다〉처럼 수필도 "들녘 같은 무릉도원이 큰 품으로 맞아 주어야 할 것이고, 꽃길 사이로 종종거리는 아이들의 모습을 통해 사람들을 반하게 해야 하고, 이 순간이 행복이라고 환호성을 올리게 하고, 꽃숲에서 유영하느라 도끼자루 썩는 줄 모르게 하루가 갈 수 있도록" 해야 할 것이다. 최숙미 수필은 재미라는 접근성과 예술이라는 창조성을 단적으로 보여줌으로써 인식 구도로서 문학성도, 미적 구도로서 문학성도 모두 충족시키고 있다.

까치울역은 부천 도심에서 서울 도심을 잇는 오작교 같은 역입니다. 까치가 실제로 있느냐고 물으시렵니까. 저는 보지 못했습니다만 길한 손님 대접은 받고 오곤 합니다. 행복한 날, 궂은 날, 우울한 날에도 까치울역 문은 열릴 겁니다. 모시처럼 올올이 결 고은 까치울 햇살에 온몸을 맡겨 보시지요. 도심에서 스멀거리던 고충들이 쌀벌레들처럼 빠져 나갈 겁니다. 눅눅했던 삶의 헌 옷들도 뽀송뽀송 마를

테고요. 헌데엔 새살이 돋아 팔랑대는 까치같이 날 수 있을 겁니다. 까치울 바람을 실어 다시 돛을 올리시지요. 어느 쪽으로 가든 길한 손님 대접을 받을 겁니다.

지금도 바쁘신지요. 두 도시가 생기를 다 빼어가 버리기 전에 까치울역에서 돛을 손질해 보시지 않으시렵니까.

무엇보다도 이 수필에는 작가의 토포필리아적 신념과 가치가 녹아 있어 감동을 준다. 까치울역이 내뿜는 강렬한 의미의 파동과 그 속에서 감지되는 감성적인 유혹이 행간 곳곳에 빛나기 때문이다. 문학이 담당해야 할 일은 우리의 주변을 되돌아보는 일이다. 우리는 저마다 자기 일에 바쁘다 보니 챙겨야 할 곳들을 내버려둔 채 살아왔다. 그러나 최숙미는 익숙한 것에 대한 회의를 통해 잊혀 가는 것들과 낯선 것에 대해 가치 설정을 새롭게 모색하하고자 한다. 향토애의 정신이 빛나고 있는 수필 〈까치울역입니다〉는 통념의 벽을 허무는 작업이기에, 특별히 주목을 받는다. 인간은 현실의 모든 모습을 이겨내면서 살아가는 존재가 아니다. 때로는 그 반대의 모습을 연출하면서 애정어린 모습을 통해 진실의 의미와 가치를 발견할 수 있는 존재여야 한다면, 표제 글 〈까치울역입니다〉는 특히 인간성의 모습과 인간애의 정신을 주제 지향성으로 내세우고 있는 작품으로써 작가의 삶터에 대한 인식을 잘 구축하고 있다고 하겠다. 그 인식이 '돛'을 통해 객관적 상관물로 문예화되고 있을 뿐만 아니라 향토애에 대한 가치 있는 체험이 작품 속에 용해되어 일독의 대상으로 충분한 가치를 지닌다고 하겠다.

2. 현실에 대한 긍정미학

모든 문학이 궁극적으로 추구하는 것이 그러하듯 최숙미 수필은 끊임없는 깨달음을 이루어 가고, 감춰진 사실들을 밝혀내며, 그를 수용하는 과정이다. 〈가시거리 안의 절규〉의 글에서 볼 수 있듯이, 바람이 스치면 물결이 일렁이듯 인간도 어떤 사물을 접할 때, 물결이 일 듯 감정이 인다. 그녀의 글에는 푸른 깃발을 꽂고자 하는 저항정신이 번득인다. 여기에 자기를 묻는다는 것, 어떤 사물에 취하는 것, 그것이 바로 수필적 자아다. 수필은 성찰의 문학이다. 순간순간 여러 현실과 부딪히면서 바람직한 삶을 향한 '느낌'을 엮어내지 못하면, 미래도 발전도 없는 것이다. 따라서 〈개구리 Bar〉에서와 같이, 어떤 계기를 통해서 자신을 반성대 위에 올려놓는 건 대단히 중요한 일이다.

'니트 입은 남자의 목덜미를 그리워하는 나의 눈빛도 수필스럽지 않은지. 시월의 마지막 밤은 또 한 계절을 넘겨주는 계절의 남자가 되어 깊어갔다.'라고 쓴 〈계절남자〉는 숨겨진 자기 내면을 응시하는 글이라서 감동을 준다. 수필 감상의 진정한 맛은 작가의 내면 풍경을 읽어내는 데 있기 때문이다. 최숙미는 누구보다도 감성이 풍부한 수필가다. 이 수필집을 읽으면, 가슴 속에 반성적 성찰이 물결친다는 것을 느낄 수 있다. 자기 응시를 통한 깨달음이 그 자체로서 흥건한 정을 자아내게 한다. 이는 자기감정이 최대한 억제된 상태에서 만들어진 여과의 소산이기 때문이다. 〈아이러브허리〉의 마지막 두 줄은 긍정미학의 극치를 이룬다. '뇌는 나의 좋은 뜻을 받아들여 유전자에게 명령하겠지. 허리에 좋은 알파파를 빨리 내보내도록 말이야.' 긍정으로 마음의 병을 치유할 수 있다는 사유의 세계가 독자에게 깨달음의 교훈으로 전해져오는 수필이다. 〈비가 내리네〉에는 인식으로 편견을 지울 수 있는 좋은 기회를 얻고, 그것을 '전환점'으로 삼아 삶을 희망으로 수놓는 작가의 마음이 곱게 그려져 있다.

그런데 앞 구절에 사람이 늘 더러움에 뒹군다고 했더군요. 저는 이 말씀에서 윤동주의 '서시'를 떠올렸습니다. 하늘을 우러러 한 점 부끄럼이 없기를 잎새에 이는 바람에도 나는 괴로워했다고 했지요. 시인은 얼마나 자신을 깊이 들여다봤으면 이런 시구가 나왔을까요. 이에 저는 소심해졌습니다. 한 점 부끄러움이 없기를 간구한다는 문구에 엎드려졌습니다. 저는 한 순간도 부끄러움에서 놓여날 수가 없으니 긍휼히 여겨 주십사 하는 거였지요. 그분의 긍휼이 얼마나 크고 놀라운 은혜인지 안다는 사실만으로 감사했습니다.

〈비가 내리네〉는 은혜로운 삶을 살아가고자 하는 신앙인의 고백이 담긴 글이다. 이런 작가의 사상은 반성적 성찰의 결과이며, 늘 바르게 살아가고자 하는 염원의 기도라 하겠다. '한 점 부끄러움이 없기를 간구한다는 문구에 엎드려졌습니다.'라는 표현은 반성의 다른 표현이라고 할 수 있다. 이런 사상은 제재통찰이 들어있는 담론 부분에서 그대로 나타난다. 인간이 아름답게 보일 때는 어려움을 겪고 있는 나보다 더 아픈 다른 누구를 더 걱정할 때다. 최숙미는 일상의 모든 사실에 대해 진지한 태도로 관심을 표명하는 작가다. 그녀는 어떠한 경우이든 작가로서 방관자로 남기를 거부한다.

무관심하고, 외면함으로써 홀가분하기를 소망하는 그런 사람이 아니다. 〈비가 내리네〉라는 수필은 그녀가 남달리 정이 많은 사람임을 증명해준다고 하겠다.

한 남자가 멈춰 버린 공장을 끌어안고 울고 있단다. 얼마 전엔 암도 앓았다고. 마음은 어느덧 그 남자가 울 수밖에 없는 처지에 다다른다. 얼마나 힘겹고 고통스러우면 혼자서 울까. 저 고통의 백지장을 함께 들어줄 누군가는 없는 것일까. 그 남자의 울음이 내 남자의 것인 것 같고, 내 아들의 것인 것 같고 내 아버지의 것인 것 같아 일손이 잡히지 않는다. 아는 체 할 수 없는 구경꾼인 내가 아무 짓도 할 수 없다는 게 안타깝기만 하다.

희망은 어머니 같이 살갑다. 비록 현실이 절망적일지라도 누구든지 어떤 상황에서든지 좌우 어디서든 촘촘히 박혀 대기하고 있는 희망을 살가운 내 어머니를 부르듯 불러보아야 하지 않을까.

이 작품 〈오늘만〉이 무엇보다 아름답게 느껴지는 이유는 자신보다 더 큰 절망을 지고 있는 사람에 대한 작가의 관심이 유독 크다는 것이다. 누구에게나 인생의 전환점이 있다. 작가는 생각을 바꾸는 인식의 전환으로 애써 지난 과거를 합리화한다. 현실을 그대로 인정하지 않는 상태에서는, 현실의 처지나 입장을 자기의 것과 함께 하지 않는 상태에서는, 그 어떠한 기운도 움트지 않는다. 오직 을씨년스럽고 황량할 뿐이다. 중요한 것은 본래의 자리를 찾았다는 것이다. 현실에 대한 긍정, '여기와 현재'를 사랑한다면, 무거운 짐을 쉽게 내려놓을 수 있으리라는 수필의 교훈이 잔잔한 감동을 준다. '비록 현실이 절망적일지라도 누구든지 어떤 상황에서든지 좌우 어디서든 촘촘히 박혀 대기하고 있는 희망을 살가운 내 어머니를 부르듯 불러보아야 하지 않을까.'에서 우리는 최숙미의 문학적 기량을 감지할 수 있다.

3. 화룡점정의 마무리 기법

최숙미는 누구보다도 폭발적인 창작 활동을 하고 있는 중부권 베스트 작가 중의 한 명이다. 본격수필을 공부해서인지 그의 글은 재치와 유머가 빛난다. 한 편의 수필을 쓸 때마다 산문가적 감수성의 섬세한 공명에도 주의를 기울인 탓일 것이다. 견고한 문학적 수사 장치와 비유를 동반하면서 비판의 '거침'을 '풍자'와 '해학'으로 버무려 '순화'시키는 솜씨는 최숙미의 문학적 저력을 확인하게 해준다. 수필 쓰기의 알파와 오메가는 마지막 문장 쓰기라고 알려져 있지만 마무리를 잘해내기란 쉬운 일이 아니다. 문학의 멋과 묘미는 치환에 있다. 최숙미 수필의 쾌미는 수필을 '종결의 문학'으로 각인시키는 데 있다. 최숙미 수필은 결말부에 승부를 거는 화룡점정의 기법을 취하고 있다. 이는 문학의 본질이 '이것'을 '저것'으로 변환하여 생성시키는 데 있다는 것과 한국인의 사유 구조가 귀납적이라는 것을 최숙미 작가가 잘 알고 있다는 의미가 아니겠는가.

남양주 두물머리에는 정자를 중심으로 몽돌들이 늘려 있다. 그냥 몽돌인 채로는 아니다. 채색된 몽돌들이 방글거린다. 그림 도구가 준비돼 있어서 관광객들이

나름으로 채색을 하고 글씨를 쓴다. 길가에 즐비한 몽돌들은 채송화가 핀 듯하다. 오색의 몽돌들이 그곳을 다녀간 많은 이들의 얘깃거리를 들려준다. 쪼그리고 앉아 찬찬히 들여다보는 재미도 쏠쏠하다. 연인들의 고백이 실린 몽돌에선 사과 꽃향기가 나는 듯하다. 나도 몽돌에 몇 글자를 썼다. '순간마다 행복 하세요' 누군가는 내 몽돌에 미소 지으며 그 순간을 행복해하지 않을까.

이 수필 〈남자와 돌멩이〉 역시 재미가 있다. 머리도 즐겁게 하고, 가슴도 즐겁게 해준다. 이 수필을 읽고 제일 먼저 생각나는 것이 몽테뉴의 말이었다. '나는 단지 재미를 보기 위해서 책을 읽는다.'는 말이다. 우리가 수필을 읽는 목적은 다양하다. 그러나 한 가지 독자가 바라는 것이 있다면, 무엇보다 읽는 수필이 재미있었으면 하는 것이 아니겠는가. 비록 정보나 지식을 얻기 위해 독서를 해도 같은 값이면 다홍치마라고 재미가 있어야 금상첨화다. 수필 〈남자와 돌멩이〉는 어느 한 주취자의 손에 들린 돌멩이를 통해 사회문제가 되고 있는 '주폭'에 경각심을 갖게 하는 수필이다. 훌륭한 수필가는 구경꾼이요, 방랑자라 한 것처럼, 그녀는 멋진 구경꾼의 위치에서 세상을 탐색한다. 세월의 비평 속에서도 남을만한 작품을 쓰기 위해 일상적 사건을 문학적 사건으로 승화시키는 데 열중한다. 술 취한 사람의 손에 들린 돌멩이를 재밌게 풀어내어 문학의 쾌락성을 충족시키고 있다. 이처럼 최숙미 수필은 근원적이고 본질적인 내용을 허심탄회하게 풀어갈 수 있는 여유 위에 쾌락성을 더하고 있기에 독자를 끌어당긴다.

몇 년 전 TV프로 중에 노인들이 퀴즈를 맞히는 장면이 있었다. 할아버지가 할머니에게 "우리 사이를 뭐라고 하지" 했더니 "웬수"라고 답했다. 정답이 아니었던지 할아버지가 네 글자라며 힌트를 줬다. 할머니는 너무도 명쾌하게 "평생 웬수"라고 답해서 모두를 폭소케 했다. 할아버지가 요구한 답은 천생연분이었지만 할아버지의 삶이 어떠했는지가 확연히 드러났다. 할아버지와 할머니 인생에 천생연분과 '평생 웬수'는 동의어쯤 되었던 걸까. 할머니가 평생 웬수라고 답하면서도 웃을 수 있었다는 게 다행이라 해야 할까. 부부싸움도 엄포도 통하지 않았기에 체념에서 나오는 웃음인지도 모를 일이다. 가부장적인 사고에 길들여져 살아온 우리 할머니들의 인생에 여자는 짧고 아내는 오죽이나 길었을까. 할아버지들의 남자이고 싶은 욕망이 할머니들에겐 없을 것이라 여겼을까. '평생 웬수'가 천생연분으로 치유되지 못한 노부부의 결단이 '평생 웬수'인 채로 황혼 이혼을 부르는 게 아닐까.

〈애기똥풀꽃〉에 나오는 에피소드 한 토막 역시 수필의 맛을 흥건하게 느끼게 한다. 러. 콕 스테판의 표현을 빌려 말하자면, 최숙미의 날카로운 인식이 빛나는 해학은 인생에 돋아나 있는 천태만상의 부조리를 웃음으로 바라보는 것이라 할 수 있다. 최숙미 수필은 단순한 생활의 반성이나 느낌의 표현이 아니라 우리가 반드시 알아야 하는 인생의 본질, 시대정신 등을 관통하고 있기에 유익하다는 것이다. 그리고 이 수필에는 세상의 모순을 깊은 통찰을 통해 바라보고자 하는 메시지를 담고 있어 제재통찰의 깊이와 철학적 본질 차원의 측면에서 어느 다른 수필들과도 차별화된다. 쉽게 말해 인생의 모습과 우리 사회의 다양한 풍경을 지성인의 눈으로 보고 적은 글이라서 독자들의 지적 욕구를 충족시키면서 동시에 정서적 감화까지 맛보게 한다는 것이다. 그래서 이 수필의 가치는 빛난다. 황혼 이혼의 배경을 탐색한 화룡점정의 마무리 기법도 문학적 성취를 보여주는 한 예다.

4. 선택을 통한 실존적 삶

수필의 궁극적 가치는 인간성을 바탕으로 하는 삶의 가치와 동일할 수밖에 없다. 문학의 가치는 즐겁고 행복한 삶의 추구에 있고, 그러한 삶의 추구에는 반드시 아름다운 정신의 바탕 위에서 가능한 것이다. 그러면서 그릇된 방향으로 나아가고 있는 사람들의 정신 자세를 바로잡고, 진정한 삶의 가치를 깨닫도록 하기 위한 것이다. 작가는 이런 가치를 고양시키기 위해 한 탈북자를 돕는 선교사의 이야기를 수필화한다. 선교사의 거룩한 정신과 자신의 소아적 태도의 비교를 통해 실존적 삶의 핵심인 '선택'이란 주제의 구체화를 이루는 작가의 솜씨가 빛난다. 언제나 사람에게 있어서 가장 큰 관심사는 나는 과연 어떻게 살아야 할 것인가 하는 명제일 것이다. 그리고 수필가는 이 같은 인간의 가장 큰 관심사와 명제의 해명을 위해 노력해야 한다. 그러나 이런 노력이 미적 형상화 차원으로 고양되지 못하면 신변잡사에서 맴돌게 된다. 이 점은 작품을 직접 살펴보면 보다 명확히 알 수 있다. 최숙미는 이런 삶의 문제를 실존의 문제와 오버랩시켜서 공감을 유도하는 것이다. 반성적 성찰을 통해 주제의식을 공감으로 이끌어가는 면에서 인성적 통찰력이 돋보이고, 작가 자신의 태도를 실존적 삶의 수준까지 보여준 점에서는 그녀의 제재통찰이 본질 차원의 단계에 머물고 있음을 보여준다.

천 선교사의 '두리하나' 선교회 주관으로 거행되는 '탈북동포의 날'이 10주년을 맞았을 때의 일이다. 교회 여러 단체들과 탈북에 힘을 싣는 자들이 참여한 가운데 탈북자들과의 만남과 북한 정부를 향한 성명서가 선포되었다. 천선교사를 유태인을 구출해 낸 쉰들러 같은 선각자라고 소개했다. 쉰들러와 천 선교사의 행적이 교차되는 중에 작아지는 나를 발견했다. 교회에서 커피 한 잔을 사는 것도 탈북자를 위한 일인데 그 작은 일에도 무관심하지 않았던가. 기념예배가 끝나고 틈을 내서 탈북 소녀를 꼭 끌어안았다. 그 소녀에 대해서 아는 건 없지만 신앙 안에서 밝게 살아가는 모습이 기특하고 또 미안해서 깊이 안아 줬다. 저들과는 자주 얼굴을 대하지만 정작 친숙하게 지내지는 못했다. 그러한 관계가 서운할 거라는 걸 알면서도 성큼 다가서지 못한다. 개인적인 성향 때문이라고 해명하기에는 내가 가진 사랑이 작아서가 아닐까.

수필은 태생적으로 사색의 편린이어서 종국에는 자기 성찰과 관조에 머물게 된다. 특히 반성의 문학으로 불리어지기도 하는 수필은 자아를 찾는 작업인 것이다. 자기 성찰은 바로 자기 내면을 바로 세우는 작업이기도 하다. 수필은 체험의 이야기이지만 여기에 의미를 부여하여 사색의 기쁨을 주는 여유와 멋이 담긴 문학이다. 물론 작가의 의도는 겉과 속이 같은 사람이 되고 싶다는 자신의 소망을 독자들에게 보여주는 데 있다. 그래서 작가는 탈북의 문제를 제기한다. 이쯤 되면 왜 작가가 자신의 부끄러운 내면을 고백하는지 궁금할 것이다. '반성'은 '감동'을 전제하기 때문이다. 이 작품의 가치는 속주제의 내면화에 있다. 결국 작가가 이 작품을 통해 구현하고자 하는 것은 바람직한 인간의 모습이라고 할 수 있기 때문이다. 이율배반적이면서 표리부동한 사람들이 즐비한 세상에 이런 인간성을 희구하는 수필가의 마음이 아름답다. 아름다운 것은 쓸모가 있어서 아름다운 것이 아니고, 우리들 정신의 심부에 쾌감을 주기 때문이 아니겠는가. 이 작품에서 보이는 인생관은 '비움'으로써 얻을 수 있다는 '무소유'의 정신이다. 탈북자를 도우며 비움을 위한 길을 떠나고자 다짐하는 선교사의 삶을 통해 작가가 바라는 삶의 모습은 하늘 아래 한 점 부끄러움이 없는 생활일 것이다. 적당히 차면 비우려는 마음 자세는 욕심이 없는 사람임을 뜻한다. 큰 욕심을 부리지 않고 살고자 하는 작가의 자세는 윤리적 삶의 철학을 보여준다. 이 글을 읽어 가면 인생이란 스스로 선택하기에 따라 행복하고 멋지고 아름다워질 수도 있다는 그녀의 인생철학이 읽힌다.

5. 모성적 그리움의 삶터

인간이 공동체 생활에서 전통적인 생활공간을 파괴당하거나 잃어버릴 때, 고향은 실향의 개념을 갖는다. 이때 인간은 공간적이고 지정학적인 고향 상실뿐만 아니라, 근원적인 삶의 공간으로서의 자기 동질성과 존재 근원성의 파괴와 상실을 경험하게 된다. 현상학자들은 유동적인 사회 구조와 문화, 시간의 흐름, 인간 의식과 삶의 형태 등의 변화로 인해 고향도 자기 정체성을 잃어버릴 수 있음을 강조한다. 하이데거는 고향인 본래성의 회복이야말로 철학자의 과제이고 또 인간의 근본적인 지향 목표라고 주장한다. 이처럼 철학적이고 형이상학적인 관점에서의 고향은 모든 인간이 궁극적으로 돌아가야 할 귀향의 대상으로서 본향을 지시한다. 최숙미 작가의 인식도 이와 다르지 않다.

〈지짐이 나이테〉는 달의 나이테를 세며 자식을 생각하는 어머니를 사모하며 모친의 건강을 축원하는 글이다. 이런 측면에서 최숙미 수필의 한 특성은 한마디로 내출혈의 독백이라 할 수 있다. 그리고 이 작가의 시선은 자신의 내면에 머문다. 주로 자신의 심중에서 여울치는 물결의 무늬를 그려내는 일에 몰두한다. 그녀의 문학적 그림자 형상을 한마디로 말하자면 '그리움'이다. 작가적 현실 세계가 삶의 기록으로 끝나는 것이 아니라 '삶'이라는 보편성에 의미를 부여하는 방향으로 키를 틀고 있기 때문에 이 작품은 문학적 향기를 발산한다고 볼 수 있다. 이 수필에서 중요한 역할을 하고 있는 것은 '지짐이'와 '달'이다. 이런 문학적 장치로부터 수필은 맛을 낸다. 작가는 '지짐이'로부터 '사랑'을, '달'로부터 '그리움'을 건져낸다. 지짐이와 달은 그녀에게 '어머니'를 상상하게 하는 매개체다.

다음 날, 어머니와의 이별이 수선스러웠다. 지짐이가 봉지봉지 담겼다. 꼭이 다음 명절을 기약하시던 어머니가 설날에 또 오겠다고 아무리 외쳐대도 낮달 같은 미소만 지으신다. 단감 잎이 다 떨어지면 가시겠다던 예감에 당신을 맞추는 것일까. 삶과의 이별연습이 잦았지만 이번엔 달라 보인다. 아무래도 단감 잎이 다 떨어지면 지짐이의 나이테를 걷을 모양이다.

이른 추석이라 단감 잎이 푸르고 무성하다. 자손들은 눈앞에 보이는 푸른 잎에 위안을 삼고 또 약은 이별을 한다. 어머니는 또 남은 날 동안 밤마다 달의 나이테를 세며 다시 한 번 더 자손들을 볼 수 있기를 갈망할 것이다. 나는 이번이 마지막 이어서는 안 된다고 지짐이 봉지를 흔들어대며 우기고 싶다. 썰물 같은 이별에 엉거주춤한 어머니가 대문간에 섰다. 멀어지는 어머니의 손짓이 멈출 줄을 모른다. 생이별 같은 통증에 어머니의 손짓마저 놓치고 말았다. 지짐이 봉지를 끌어안으며 '제발'이라고 염원을 쏟았다. 시큰한 콧등 사이로 어머니의 오동 꽃내가 나는듯하다.

〈지짐이 나이테〉는 사색적인 수필로서 자기 성찰이 그리움이란 그림자 형상과 만나 수필의 옷을 입었다고 할 수 있다. 수필은 사람들에게 보내는 애정을 근간으로 한다. 작가는 마음이 우울하고 의지가 약해질 때 어머니에 대한 사무치는 그리움을 토로한다. 어머니의 화신으로 나타나는 '지짐이'는 가슴이 녹도록 물컹거리는 그리움을 전해준다. 이 수필의 문학적 성취는 연세가 들어 몸이 아픈 어머니를 보며, 달의 나이테를 모성으로 의미화하고, 잊으려 하면 나타나는 '지짐이'를 어머니의 사랑으로 묘사하는 대목이다. 어머니에 대한 그리움을 오동꽃내로 연결하여 마무리한 수필의 기법에 박수를 보낸다. 작가는 탄탄한 필력으로 '달'의 부드러운 이미지를 부각시키면서 자손들을 다시 볼 수 있기를 기다리는 '어머니'를 오동꽃내라는 시각과 후각적 이미지로 그려보게 만든다.

도시 공원 한편에 자라는 청보리를 본 날 꿈을 꿨다. 허리가 허물어진 아버지를 업었다. 아버지 허리는 비에 젖어 퇴비가 될 즈음의 보릿단 같았다. 아버지를 내려놨는데도 여전히 내 허리를 감고 있는 듯 묵직했다. 횡격막을 뚫을 듯 울컥거리던 울음이 아버지의 허물어진 허리춤으로 흘려드는 것 같았다. 잠이 깼는데도 흐느낌이 남았다. 해몽이 어떨지는 몰라도 아버지와 내가 터놓지 못했던 해묵은 사랑

이 터져 흐르는 것이라 여긴다. 이제는 청보리 패는 냄새가 나를 괴롭힐 것 같지는 않다.

인생이란 가변적 공간이다. 삶이란 중심에 서면, 그 일상은 때로 우리를 흔들리게 하고, 때로 절망하게 만들기도 한다. 작가는 허리가 허물어진 아버지의 꿈을 꾸고 속으로 하염없이 울고 있다. '아버지 허리는 비에 젖어 퇴비갈 될 즈음의 보릿단 같았다.'는 아버지에 대한 묘사는 최숙미의 형상화 능력을 보여준다. '꿈'은 곧 그리움의 흔적이다. 이 수필의 성공 여부는 충분한 진술로 '지청구'가 아버지의 눈물이고, '청보리'가 아버지의 화신임을 증명하는 데 달려 있다. 이런 성실한 노력이 독자와의 공감대를 이끄는 것이 아니겠는가. 그래서 제목이 '청보리 패는 냄새'가 되었다. 작가는 서두에서부터 아버지를 잃은 자외선과 같은 섬세한 자식의 마음 상태를 잘 보여주고 있다. 방향 감각을 잃고 서 있는 자신의 내면 풍경을 진솔하고, 자유분방하게 그려내고픈 욕구가 이 글을 이끄는 보이지 않는 손이다. '아이들은 아버지의 삼베 적삼에서 나던 청보리 패는 냄새를 나의 헤픈 사랑에서 맡았으면 좋겠다.' 는 마지막 진술은 공감 확인을 위한 보증수표다.

6. 생의와 생취의 상쾌감

수필의 여러 특성 중 가장 두드러진 것이 관조적 성격이다. 수필은 생활의 편익을 위하거나 정보를 전달하는 글이 추구하는 실용적인 목적을 가진 글이 아니며, 사실을 설명하거나 논리를 추구하는 학문적인 글이 아니라, 관조적 자세로 자아와 사물을 통찰하여 문학적 기능을 다하는 글이다. 이 수필집에서 가장 강하게 어필하는 부분은 '관조'를 통한 대상의 새로운 의미화다. 자칫 그냥 지나칠 수 있는 이야기에 불과한 생활 소재이지만 이것이 한 편의 감동적 수필로 승화할 수 있는 것은 작가의 삶에 대한 사랑과 예리한 관찰력의 결과로 보인다. 삶의 진정성과 건강성을 가지고 사람과의 접촉에서 각성을 이루는 그의 진지한 생활관은 본격수필을 순산하기에 이르렀다. 이런 건강한 정신으로부터 나온 수필의 주제의식은 생취의 쾌감을 준다.

우리가 문학을 가까이 접하는 이유를 찾으라면, 먼저 구원성을 들 수 있다. 수필을 씀으로써 자신을 구원하게 되고, 작가를 구원한 작품은 작가의 품을 떠나 독자의 품으로 달려간다. 피로에 지친 독자의 영혼을 구원하는 데 있어, 장르적 특성으로 말미암아 수필은 딱 안성맞춤이다. 작가는 사흘 전의 의미를 캐며, 인생이란 무엇인지에 천착한다. 이 수필의 가장 큰 수확은 사흘 전의 의미를 자기만의 개성적 인식으로 비유하는 부분이다. 이런 문학적 수필이 가진 그 가공할 만한 힘 때문에 독자들은 두서너 페이지에 이르는 진실을 생명으로 하는 수필을 읽는 것이다. 그리고 말 그대로 살아 영동하는 운치에 감동한다.

인생의 내리막길이 보이기 사흘 전은 객기 한 번 부려 볼만한 시점인지도 모른다. 사흘 전이 흠칫 놀라려나. 희망은 사흘 전보다 한 발 앞섰으니 손 한번 뻗쳐 볼

만도 하지 않을까. 어릴 적 가위 바위 보를 하며 아카시아 잎사귀를 뜯어내듯 꿈의 잎사귀를 잡고 가위 바위 보를 하는 중이다. 간절해서일까. 꿈을 입 밖으로 흘릴 수가 없다. 오아시스가 나타날까. 쓴 우물이 있을까. 침노만을 기다리는 사흘 전은 내 인생의 또 다른 다림줄이 되었다. 불안이 기대를 흔들어대는 바람에 숨 고르기가 쉽지는 않다. 과한 욕망이 헛기침을 해댈 때는 스스로 부끄러워도 한다. 온전한 꿈을 이루지 못하더라도 후회는 않으리라. 사흘 전의 치열함을 꿈꾸었다는 것만으로 행복이라 여겨도 족하리. 그 때쯤엔 사흘 전의 도도함에 기꺼이 수긍도 하리라.

최숙미 수필의 가치인 미학성은 깨달음을 의미화하는 그의 수법에서 나온다. 드킨시의 말대로 훌륭한 문학 작품은 작가 자신을 감동시킬 수 있는 힘을 가져야 하고 작품을 대하는 사람들의 마음을 움직일 수 있는 마력을 지니고 있어야 한다. 그녀는 우선 자신을 감동시킬 수 있는 힘을 가진 사람이다. 수필 쓰기에서 가장 중요한 것은 자신을 송두리 채 던지고자 하는 마음 비우기요, 삶의 겸허요, 진실한 삶의 접근법이다. 필자는 우선 그런 자세와 의지를 높게 평가한다. 내재된 주제의식을 제재를 통해 겨냥하기 위해, 최숙미는 '입상진의'의 시적 기법을 구사했다. 입상진의란 말로 뜻을 나타내는 것이 아니고 형상으로 뜻을 나타내는 동양의 전통적 시학이다. 평소 예의 관찰하는 습관을 기르는 일이 수필 창작에 있어 기본인데, 최숙미는 예술가적 자세로 새로운 표현에 중점을 두고 있다. 제재와 쉽게 동화되어 물아일체를 이루고 거기서 한 편의 수필을 형상화시켜 독특한 미적 울림을 이끌어 내는 힘이 어디서 나왔을까? 그 근원은 다음의 진술, "과한 욕망이 헛기침을 해댈 때는 스스로 부끄러워도 한다. 온전한 꿈을 이루지 못하더라도 후회는 않으리라."에서 알 수 있다. 과한 욕망에 부끄러워 할 줄 아는, 부족하나마 결실을 받아들려 껴안으려는 휴머니즘적 삶의 진정성에서 우리는 이 수필의 힘을 느낄 수 있다.

6. 닫으며

최숙미는 등단 10년 미만에 〈칼 가는 남자〉에 이어 두 번째 수필집을 상재했다. 다작 속에 수작이 나온다는 진리를 믿고 따랐음을 보여준다. 수필은 체험의 체계적인 변형과 보수에 의해 완성된다. 수필가에게 객관적으로 제시된 사물에 작가가 주관적으로 반응한 정신이 부가되어야 한다. 사실의 기록이어서는 안 된다. 평자는 최숙미의 두 번째 수필집에서 자신의 세계관이 두드러지는 작품을 골라 긍정적인 측면에서 문학으로서의 작품적 가치를 조명해 보았다. 서평을 쓰면서 행복했다. 수필적 삶의 미학 속에 예리한 미적 내공이 숨어있기 때문이다. 나름대로 열심히 쓴 작품을 드높이 추켜 세우지 못할 때면, 평자의 가슴이 찢어질 것만 같다. 이럴 때 수필을 비평한다는 것은 차라리 고통이다. 그것은 아득한 공중에서 외줄 타기다. 시퍼런 칼날 위에서 작두를 티는 일과 무엇이 다르겠는가. 다행히 이번에는 좋은 작품들만 읽다보니, 고통의 시간은 오지 않았다.

인간은 자신의 사상과 감정을 표현하고 싶은 욕구가 있다. 산다는 것은 표현하는 일이다. 돈도 되지 않는 수필, 남이 알아주지도 않는 수필을 우리는 써야만 한다. 그것은 돈도 되지 않는 아이, 남들이 알아주지도 않는 아이를 낳은 임산부의 마음과 같은 것이다. 수필은 자기가 낳은 아이와 같은 자신의 분신이다. 분신이므로 소중한 것이다. 수필을 쓴다는 것은 새 생명을 잉태하는 것과 같다. 좋은 아이를 낳으려고 작가는 태교도 하고, 갓 태어날 아이를 어떻게 키울 것인가, 모유를 먹일 것인가 우유를 먹일 것인가에 대해 충분히 고민한 것 같다. 그래서이지 싶다. 최숙미의 수필들은 하나같이 순도 높은 삶의 진실을 들려주고 있다. 수필 쓰기는 창작이면서 동시에 수필이 무엇인가에 대한 해답이어야 한다는 것을 말해주는 것 같다. 따라서 최숙미 수필집 〈까치울역입니다〉는 사상적 충격과 정서적 울림을 실증해 보인 흔치 않는 본격수필의 전범이라 하겠다.